新入生のための

アカデミック・リテラシー

一から分かるレポートの書き方

奥田和重
田島貴裕

［著］

modus ponens
modus tollens
reductio ad absurdum

【発行】小樽商科大学出版会
【発売】日本経済評論社

はしがき

　大学生向けのレポートの書き方やライティング技術に関する書籍は，非常に多く出版されています。その内容はレポート，卒業論文，学術論文の書き方から，データ分析や研究活動方法と多岐にわたり，難易度も様々です。しかし，いざ新入生向けの授業で使う「レポートの書き方」の書籍を探すと，なかなか合うものを探すことができません。おそらく，このような書籍の多くは，執筆者が指導する大学や大学院で学ぶ学生を対象にしているからだと思います。定番の名著もいろいろ読み返しましたが，用語，表現，事例など難しいものが多く，新入生には厳しいと感じていました。

　そこで本書は，著者らの所属する大学の新入生を対象として作成すること目標としました。具体的には，初年次科目である「基礎ゼミナール（基礎ゼミ）」や教養科目で使うことを意識しました。基礎ゼミは，大学生としての心構え，レポートの書き方，文献・資料の集め方，プレゼンテーションの方法などについて，ゼミ形式で学修する科目です。当初は著者らの大学の新入生に特化した内容にする予定でしたが，本書を書き進める中で，多くの大学で開講されている基礎ゼミのような科目の参考資料となるように，いろいろな内容に触れることにしました。

　ただし，レポートの書き方やそれに関連する文献の調べ方，調査の方法，プレゼンテーションの方法などは最低限のものであり，本書だけではとても網羅できません。特に，レポートの書き方は，専門分野や個々の教員によって“作法”が異なるので，その所作をすべて網羅することは不可能です。「**本書で示したやり方が全てではない**」，と念頭に置いて読み進めていただければと思います。

　第Ⅰ部では，レポートを書く上での基礎知識を中心に，情報収集や文章の読解について取り上げています。そして，具体的なレポート課題に取り組むためのヒントを演習として例示しています。第Ⅱ部では，レポートを

書くために収集したデータを処理するための基礎知識，文献紹介方法，発表方法について取り上げています。第Ⅱ部の内容の多くは，高校（数学・情報）で習う内容ですが，大学生として知っておくべき項目なのであらためて載せることにしました。

　本書は，大学でさらに深く学ぶためのガイドマップ的なものであり，新入生として最低限知っておくべきことをまとめたものです。本書を足掛かりとして，様々な分野の知見を広めることを願っております。なお，本書の出版に当たっては，小樽商科大学出版会出版助成を受けました。また，日本経済評論社の柿﨑均様，閏月社の德宮峻様，小樽商科大学学術情報課図書係にはお世話になりました。厚く御礼申し上げます。

著者一同

＊目次

第 3 章
組み立てと分析 52

第 4 章
レポートの作成 ⁶⁷

第II部
スキル編

第5章
データ整理の基礎(1)

第6章
データ整理の基礎(2)

第7章
発表の実践

コラム

第Ⅰ部
ライティング編

序章
アカデミック・ライティングとは

　アカデミック（academic）とは，学術的，学問的という意味です。つまり，アカデミック・ライティングとは学術的な文章を書くことを指します。大学で求められる**学術的文章**は授業で課されるレポートやエッセイ（小論文），ゼミなどで報告する際に作成するレジュメ，実験・実習・野外調査のレポート，研究論文（卒業論文，修士論文，博士論文）などです。

　学術的文章は**作文**や**感想文**とは大きく異なります。広辞苑によると作文は「教師の指導のもとに児童・生徒が文章を作ること」で，感想は「心に浮かんだ思い・感じたこと」でこれをつづった文章が感想文です[1]。これに対して学術的文章は「AはBである。なぜならばCだからである。」という構造を持つ文章です。ここで「AはBである。」を「**主張**」と言います。「なぜならばCだからである。」は主張を支える「**根拠**」になります。根拠のない主張は単なる感想でしかないのです。そして「根拠」を裏付けるために「**証拠**」が必要になります。このように学術的文章は「主張」とそれを支える「根拠」，これを裏付ける「証拠」によって構成されます。

　なぜ大学では学術的文章が求められるのでしょうか。小学校から高校までは，これまでに定まっている知識体系を学んできました。対象となる問題が明確で，「正解」もすでに準備されていることが多く，いかにしてその正解を見つけ出すかが学びの中心になっていました。一方，大学で学ぶことは必ずしも体系化されているとは限りません。「正解」があらかじめ準備されていることはなく，問題ですら明確でない場合があります。大学

---

1)　新村出 編著（2008）広辞苑. 第6版, 岩波書店.

では，社会に内在する問題を見つけ出してそれを明確にし，問題を解決する方法を考えなければなりません。そして考えた答えが正解であるかどうかを検証する必要もあります。もちろん，高校までに学んできた知識がその基礎になっていることはいうまでもありません。学術的文章を書くためには，このような問題の発見，解決，検証するためのスキルが必要です。本書では，レポートやエッセイ，研究論文などの学術的文書を総称して**「レポート」**と呼ぶことにします。

　レポートを書くためにはネタがそろっている必要があります。このネタには発見した問題，その問題を解決した方法，得られた解の検証結果があります。これらのネタを得るためには「問いかける」ことから始めます。[2]「問いかける」ことは「疑問に思う」こと「なぜだろうと感じる」ことです。坂本[3]によれば**問いかけ**は以下の様式があります。

・何であるか：事物や事象の本質，本性を探求する
・なぜか：事物や事象の理由，原因，根拠を求める
・何をなすべきか：事物や事象に対する働きかけを探求する
・何のために：事物や事象の目的を問う

　最後の「何のために」の問いかけは事物や事象に目的が存在していることを前提にしています。しかし，目的があいまいで，存在しているかどうかもわからないこともあります。この場合，当然ながら問いかけに対する答えは見つかりませんが，「何であるか」「なぜか」と改めて問いかけてみると，何か確かなことが判明するかもしれません。ただし，「何のために」という問いかけをやめて「何であるか」「なぜか」という問いかけに専念すると，事物や事象の目的を追求するという問いかけを排除することになります。「何をなすべきか」について前出の坂本は，どのように働きかけるのかを探求する問いかけで，それは広い意味での「技術」であると述べています。

　問いかけが漠然としていれば，解を見つけることは難しくなります。解

---

2) 問いかけは「4.1.2 「問いかけ」で分類する」も参照。
3) 坂本博（1986）学問論講義ノート．新葉社．

を見つけることができなければ，問いかけそのものが消えてしまう可能性があります。問いかけは解を見つけるために行うので，漠然とした問いかけではなく，対象や問題を限定します。坂本によれば，次のような手順で問題を発見して解決していきます。

（1）問題を発見する：「何であるか」「なぜか」「何のために」と問いかけることによって問題を発見します。これは問題の目的と解くときに考慮すべき制約を明確にすることに通じます。

（2）「言葉」「用語」を定義する：「言葉」「用語」を定義することは，「言葉」「用語」にかかわる問題を提起することになり，これが問題を解決する出発点になります。

（3）問題を一般化する：一般化することは，広い視野や文脈の中でものを見るということで，その問題の重要性と意義を認識することができます。

（4）問題を限定する：問題を解くためには，対象となる問題を細分化・抽象化することが有用になります。

（5）問題を解く：限定された問題に何らかの手法を適用して解きます。これによって得られた解は一般化された問題に対する解であることに注意する必要があります。

（6）解を適用する：一般化された問題に対する解を元の発見された問題に適用します。解は適用できる場合もあれば，適用できない場合もあります。

　この（1）〜（6）によって得られたものがレポートを書くためのネタとなり，レポートのアウトラインとなります。第1章から第4章では，問いかけのための情報収集と文章の構成と読解，レポートの構成方法について学習していきます。

第1章
情報の収集と整理

1.1
情報収集の意義

　孔子は論語の中で「子曰，学而不思則罔，思而不学則殆（子曰く，学び
て思わざれば罔（くら）し，思いて学ばざれば殆（あやう）し）」と述べています。これは「読
書にのみふけって思索を怠ると，知識が身につかない。思策にのみふけっ
て読書を怠ると，独善的になる」という意味です。情報を収集してもそれ
だけでは知識量が増えて物知りになるだけで，それを知恵として活かすこ
とができません。一方，情報を収集せずに思索のみにふけっていると周り
の状況を理解することができず独りよがりになってしまいます。物事を深
く考察しようとするとき，それを支える豊富な情報が必要となり，それは
また考察結果を裏付ける根拠資料にもなります。

　「物事を深く考察」するという行為が「研究」するという行為であるな
ら，「研究」は研究者や学者のみが行う行為とは限りません。研究の目的
は「真理の探究」であると言われています。西田幾多郎によると，「真理」
とは「何人が何時代で考えても同一である」ことです。「真理の探究」は
「真理」に対して自分自身が満足すると同時に，厳しい批判の目を持った
他の人々を満足させる見解を見つけ出す手段・方法であると言えます。つ
まり，「真理」とは「誰もが納得する主張」と言い換えることが可能です。

　私たちが，ある主張を他の人に納得させる際に，まずはその主張につい

4)　論語　為政第二 15
5)　西田幾多郎（2012）善の研究. 改版，岩波書店，p.99.

て調べてみるという倫理的な責任があります。主張を多くの人に納得してもらうためにこじつけたりゆがめたりすることはモラルに反しますし，正誤の区別をつけないこともモラルに反します。一方，他の人の主張を無批判に受け入れることは倫理的な責任を回避していると言えるでしょう。真実だと思われていた主張が誤りだとわかったり，部分的にしか正しくないことがわかったりすることがしばしばあります。倫理に反しない主張をするためにも，主張を正しく評価するためにも，一般的に受け入れられている主張を疑ってみる必要があります。そのためには多くの情報源を調べてみる必要があります。

「研究」には**実証的研究**と**理論的研究**という枠組みがあります[6]。実証的研究は，実験や観察を通じて証拠を収集し結論を導く方法です。これに対して，理論的研究は，研究者の知的能力を使って，状況に対する新しい知見を構成し，新しい理論を考案する方法です。実験や観察を通じて証拠を収集するということはありません。しかしながら，実証的研究によって発見した事実を支持するためには，証拠が必要となります。証拠を収集するためには理論的枠組みが必要で，それは理論的研究によって裏付けられています。一方，新しい理論を提案したり，既存の理論を検証したりするには裏付けとなる証拠が必要になります。このように，理論と証拠は「鶏と卵」のような関係にあり，実証的研究と理論的研究を完全に区別することは困難で，相互に補完するものだと言えます。

証拠（情報）の収集は，理論の検証，理論の構築，現象の理解・説明を行う際に必要となります。証拠となる情報は，情報源に対してどのようなアプローチをとるかによって次のように分類することができます。

・**一次(的)情報**：データの源泉に直接アクセスして集める情報
・**二次(的)情報**：すでに公開されている情報や間接的に入手できる情報

一次情報は図書，雑誌，学術論文など著作者が直接執筆した情報と情報提供者から収集する情報があります。後者の情報収集には次のようなものがあります。

---

6) ダン・レメニイほか 著，小樽商科大学ビジネス創造センター 翻訳（2002）社会科学系大学院生のための研究の進め方．同文舘出版．

・**直接的な情報収集**：情報提供者に直接会いインタビューする方法および，情報提供者とともに行動し観察する方法（**参与観察**など）

・**間接的な情報収集**：情報提供者に質問票等を送付して回答してもらう方法（**アンケート調査**）

二次情報は，一次情報を何らかの基準に基づいてまとめられた資料で，国や自治体が公開しているデータベースや学会・協会や出版社が公開している学術データベース，辞書・百科事典などです。二次情報は一次情報に比べて情報の信頼性が低いので，一次情報を調べるための手掛かりにするとよいでしょう。

収集された情報は，証拠としての**妥当性**と**信頼性**が求められます。証拠としての妥当性とは，得られた証拠がどの程度事実を反映しているかを示す概念で，信頼性とは，同じ条件の下で一貫性のある結果が得られる程度を示す概念です。証拠の対象や特性を数量的に表すことができる場合は，妥当性と信頼性を示すために統計的手法が用いられます。対象や特性が数量的に表されない場合は，内容分析などのような方法を用いて数量的に表し，これに統計的手法を適用して妥当性と信頼性を示します。対象や特性が数量的に表すことができる証拠を**定量的証拠**と呼び，数量的に表すことができない証拠を**定性的証拠**と呼びます。

収集した情報の信頼性と妥当性を担保するために，次のことに留意して情報の収集を行う必要があります。

・一次情報と二次情報の両方を調べる。
・できる限り多くの情報源から情報を収集する。
・情報源を多様な範囲から選択する。
・すべての証拠について何らかの方法で裏付けをとる。

1.2
情報はどこにあるのか

一次情報源は情報提供者ですので，情報提供者のところに情報はあります。二次情報源はすでに公開されている情報や間接的にしか収集できない

情報ですので，これを収集するためには様々な手段を用いなければなりません。情報を収集する一般的な手段には，新聞・雑誌の購入・閲覧，テレビ・ラジオの視聴，図書館の活用，インターネットからの情報収集，国・自治体などの公的機関が公開しているデータベースからの情報収集などがあります。

新聞・雑誌は出版元の編集方針によって立場が異なり，同じニュースソースであってもその伝え方や解説が異なります。したがって，新聞・雑誌は1誌だけを読むのではなく，図書館等でいくつかを読み比べてみるとよいでしょう。図書館には国や地方自治体が運営する国公立の図書館や大学図書館（大学付属図書館）などがあります。新聞は縮刷版で，雑誌は製本されて図書館の書庫に収められていますので，過去の記事を探すことができます。図書館には新聞・雑誌以外にも様々なジャンルの図書が蔵書されており，近年では電子ブックの利用も可能になっています。また，図書館では相互貸借サービスがあり，地元の図書館を通じて他地域の図書館の蔵書を借り出すこともできます。

大学図書館は，一般的な新聞・雑誌・図書以外にその大学の専門分野に関連する図書や新聞・雑誌，資料を所蔵しています。また，多くの大学図書館や短期大学，高専，研究所，博物館などの研究機関では，**機関リポジトリ（学術機関リポジトリ）**という「大学や研究機関が主体となって所属研究者の知的生産物を電子的に収集，蓄積，提供するシステム，またそのサービス」[7]を提供しています。機関リポジトリに収められているのは学術論文や調査報告が多いですが，教材や美術資料など多岐にわたり，各機関の研究成果を誰でも自由に閲覧することができます。所蔵資料のうち，学会などが発行している学術論文誌（学会誌）に掲載された論文は，その学会が質を保証しておりますので，論文の妥当性と信頼性は保証されています。特に，「査読」という掲載可否についての審査が行われて掲載された論文は，信頼性の高い情報となります。

大学図書館には**蔵書検索システム OPAC**（オーパック）が整備されてい

---

7) 日本図書館情報学会用語辞典編集委員会 編 (2020) 図書館情報学用語辞典. 第5版, 丸善出版.

ます。これは図書館蔵書の図書や雑誌をキーワード，タイトル，著者名，出版社などで検索できるシステムです。大学によっては他大学の蔵書や国公立の図書館の蔵書を横断検索することができます。検索を行うと図書の配置場所や請求記号，資料 ID，状態（「貸出中」や「禁帯出」など），予約状況などが出力されますので，請求記号を頼りに自分で配置場所へ探しに行くか，カウンターで請求記号を示して探してもらいます。もし図書・雑誌が蔵書されていなければ，他大学の図書館や国公立の図書館から取り寄せることができます。

　大学図書館では様々な**データベース**や**電子ジャーナル**と契約しており，国内外の論文などにアクセスすることができます。主なデータベースに国立情報学研究所（National Institute of Informatics; NII）の **CiNii（サイニィ）**，科学技術振興機構の **J-STAGE** と **JDream Ⅲ**，**IRDB**（Institutional Repositories DataBase）などがあります。CiNii と J-STAGE は国内の論文，図書，博士論文を検索・入手することができます。JDream Ⅲ は国内外の科学技術論文を検索することができます。IRDB は機関リポジトリのデータベースです。

　出版社が運用する電子ジャーナルには Elsevier（エルセビア）社の Elsevier Science Direct や EBSCO（エブスコ）社の EBSCOhost Business Source Premier，Wiley（ワイリー）社の Wiley Online Library，Taylor & Francis（テイラー・アンド・フランシス）社の Taylor & Francis Online などがあります。これら以外に専門分野のデータベースとして JIS 検索（日本工業標準調査会），JSA（日本規格協会），IFS Online（国際通貨基金：IMF），eol（企業情報データベース，旧有価証券報告書データベース），官報情報検索システムなどがあり，新聞社各社も新聞記事データベースを運用しています。インターネットでの文献検索システムに **Google Scholar** があります。これは国内外の論文を検索し入手することができるシステムです。

　インターネット上での情報収集は Google 検索などの**検索エンジン**を利用する機会が多いと思いますが，次節で述べるように検索履歴からフィルターバブルが生じる可能性がありますので，検索結果に偏りがないか注意

する必要があります。**Wikipedia**（ウィキペディア）はフリーのインターネット百科事典で，世界中のボランティアが執筆・作成の共同作業を行っています。Wikipedia は非営利のウィキペディア財団によって運営されていますが，記事は不特定多数の人々によって執筆されており，編集委員会も査読制度もなく責任体制が確立されていません。掲載記事の中には誤った情報や偽情報が含まれている可能性もあります。

二次情報は信頼できる情報源を辿ることが重要です。信頼できる二次情報源には国や自治体などの公的機関が公表している情報があります。[8] 国は各府省庁から様々な情報を公開していますが，その中の「**政府統計の窓口 e-Stat**」は総務省統計局が整備し独立行政法人統計センターが運用管理するポータルサイトです。国勢調査や人口動態調査，消費者物価指数など，様々な統計情報が公開されています。また，各府省庁は毎年白書を作成して公開しており，各府省庁に関連する様々な情報もウェブサイトに掲載しています。

地方自治体に関する情報は，各地方自治体のウェブサイトに掲載されています。例えば，北海道庁のウェブサイトでは，北海道庁総合政策部計画局統計課が国勢調査や現金給与総額，消費支出，消費者物価指数などの統計情報を掲載しています。さらに経済部の各局では関連する統計データや資料，調査報告書，刊行物などの情報を公開しています。

┌─ **コラム❖文献データベース** ──────────

情報を収集するデータベースに関して CiNii, J-STAGE, JDream III, IRDB を紹介しました。これらのデータベースを少し詳しく紹介します。説明は各ウェブサイトからの引用です（2023 年 10 月時点）。

CiNii：正式名称は NII 学術情報データベースで「サイニィ」と呼んでいます。論文，図書，雑誌，博士論文などの学術情報を検索するこ

---

8) 2019 年に総務省は 56 の基幹統計（政府が重要と位置付ける統計）のうち，延べ 24 統計で作成に誤りや手続き上の問題があったと発表しています。2021 年には国土交通省の統計書き換え問題が明らかになっています。政府統計の信頼性を損なう出来事です。

とができます。CiNii には，CiNii Research，CiNii Books，CiNii Dissertations があります。CiNii Research は文献，研究データやプロジェクト情報などの研究情報を検索することができます。CiNii Books は，全国の大学図書館が所蔵する書籍と雑誌の情報を検索できます。目的の書籍を所蔵する大学が見つかれば，図書館を通じて借り出すことができます。CiNii Dissertations は国内の大学と大学改革支援・学位授与機構が授与した博士論文の情報を検索することができます。

J-STAGE：電子ジャーナルプラットフォームで，日本から発表される人文科学と社会科学を含む科学情報の迅速な流通，科学情報の国際的発信力の強化，オープンアクセスの推進を目指しています。J-STAGE では国内 3,000 誌以上の刊行物を公開しています。また，国内外 29 の外部機関と連携し，データ連携を行っています。

JDream Ⅲ：株式会社ジー・サーチが運営する科学技術文献情報データベースです。提供しているサービスは，文献検索，文献複写，調査・分析，研究者探索などです。有料ですが，企業や大学が契約していれば利用することができます。

IRDB：国立情報学研究所が運営する学術機関リポジトリデータベース（Support Institutional Repositories DataBase）です。このデータベースは国内の機関リポジトリに登録されている論文などのコンテンツに関するメタデータ（例えば書誌情報のようなデータに関するデータ）を収録しています。

1.3
インターネット時代の注意点

　インターネット上では有益な情報（二次情報）がありますが，収集時には，情報の偏りや誤情報・偽情報について正しく判断する必要があります。自分の仮説や信念に合う情報のみに注目して，それ以外の情報を無視する傾向を**確証バイアス**（confirmation bias）といい，実際に都合の良い証拠

だけを集めることを**チェリーピッキング**（cherry picking）といいます[9]。多数のさくらんぼから，熟した美味しいものだけを選ぶ「いいとこどり」するということです。多くの人はこのような心理的特性を持つので，膨大な情報が流れているインターネット上では特に注意が必要です。

　近年，着目されている現象として，**フィルターバブル**（filter bubble）や**エコーチェンバー**（echo chamber），**サイバーカスケード**（cyber cascade），**ポストトゥルース**（post-truth），**フェイクニュース**（fake news）があります[10]。

　フィルターバブルとは「インターネットの中で，自分の関心や好みに合った情報を選別するフィルターによって，人間が泡のような密閉空間に閉じ込められてしまう現象」のことです。検索エンジンやウェブサイトを提供する事業者は，利用者の個人情報（検索履歴やクリック履歴，購買履歴など）を収集・分析し，利用者が関心を持ちそうな情報（記事，広告，商品など）を優先的に提供します。その結果，利用者が好まないと思われる情報に接する機会が失われ，好みの情報の泡（バブル）に閉じ込められて泡の外の世界から遮断されている状態になります。エコーチェンバーとは「閉鎖的なコミュニティーの中で同じ意見の人たちとの限られたコミュニケーションを続けることにより，その意見が正しいと思い込んでしまう現象」のことです。狭い範囲の SNS 上で意見を発信すると，同じような興味関心を持つ人から多数の返信（反響）があるので，誤った意見でも強い自信を持つようになります。サイバーカスケードはエコーチェンバーと似た現象で，「主義や思考が同じ人々がネット上で結び付き，異なる意見を排除して閉鎖的かつ過激なコミュニティーを作り上げる現象」のことです。集団で行う意思決定は，事前に持っている個人の志向よりも極端な結論になりやすいことが知られており，これを**集団分極化**（group polarization）

9）　池田まさみ，森津太子，高比良美詠子，宮本康司 監修（2023）Newton 別冊　バイアスの心理学. ニュートンプレス, pp.12-13
10）これらの用語の定義は「自由国民社 編（2023）現代用語の基礎知識 2023. 自由国民社.」によるものです。

といいます[11]。各個人が事前に持つ志向よりも，全体の意思決定の方が危険度の高い結論になることを**リスキーシフト（risky shift）**といい，保守的な結論になることを**コーシャスシフト（cautious shift）**といいます。これらの特性は，偏った情報だけを信じたり，異なる意見の人に攻撃的になったり，誤った情報を広く流布したりする危険性を持ちます。

　ポストトゥルース（ポスト真実）とは「世論形成の過程において，客観的事実よりも人の感情に強く訴える情報のほうが強い影響力を発揮する現象」のことです。2016年のイギリスでのEU離脱の是非を問う国民投票やアメリカ大統領選挙で注目され，オックスフォード大学出版局が毎年発表している「今年の言葉2016」に選出されました[12]。事実かどうかよりも自分に都合の良い信じたい情報のみを信じ，それでよしとする風潮が広がっているようです。フェイクニュースは「メディアによって流される虚偽の情報や報道」のことで，特にSNSで拡散し，嘘，デマ，偽情報，ゴシップ，プロパガンダなどがあります。近年では陰謀論や**ディープフェイク**がその範疇に入れられています。情報が**フェイク**か**ファクト**かは受け手の主観によるところが多く，**フェイクニュース**を定義することは困難と言えます。フェイクニュースへの対策について，総務省は利用者，民間企業，政府のそれぞれに示唆的な動きがあるとしています[13]。ここでは利用者の対応について考えてみましょう。**国際図書館連盟（IFLA）**が「フェイクニュースの見極め方（COVID-19版）」を2020年4月に公開しています[14]。この改訂版ではフェイクニュースを見極めるために次の8項目を挙げています。

　①情報源を検討しよう

　　著者はだれなのか（存在しているのか），いつの情報かを調べ，情報の

11）上田泰（1996）集団意思決定研究. 文眞堂，pp.34-35.
12）Oxford University Press. Word of the Year 2016. https://languages.oup.com/word-of-the-year/2016/
13）総務省（2019）令和元年版情報通信白書. pp.108-110.
14）日本図書館協会（2020）偽ニュースを見極めるためには（COVID-19版）. https://www.ifla.org/files/assets/hq/topics/info-society/how_to_spot_fake_news_covid-19_jp.pdf

信頼性をチェックしましょう。ニュースを書いた人が持つ背景を知ることは，ニュースの信頼性をチェックする上で重要です。また，過去のニュースが今現在のニュースとして流布されることはよくあります。

②さらにもっと読もう

見出しに挑発的あるいは扇情的な表題をつけているニュースがあります。中には意図的にミスリーディングを誘う表題をつけているニュースもあります。ニュースの本文をよく読んで内容を吟味しましょう。

③情報源は裏付けられている？

ニュースにリンクがあれば，元のサイトを見て情報源をチェックします。国や自治体，マスコミなどが提供している公式の情報源をチェックして，その情報源がニュースの根拠になっているかを検討します。

④他も納得している？

他のニュースサイトも同様のニュースを報告しているでしょうか？報告していればそのニュースの情報源をチェックします。同じ情報源であったとしても意図的に切り取ったり，曲解したりしていないか確認します。

⑤これってジョーク？

ニュースはジョークなのか，あるいは風刺をしているのかもしれません。それを確かめるために情報源を調べてみましょう。

⑥自分自身の先入観をチェックしてみよう

自分自身が持っている無意識な偏見や先入観（アンコンシャス・バイアス（unconsious bias），無意識バイアス），信じていること，利害関係などが自身の判断に影響しているかもしれません。

⑦専門家に訊いてみよう

ファクトチェック（fact check）を行う専用サイトやニュースに詳しい専門家に訊いてみる，公式の情報源を持つ組織に問い合わせてみましょう。

⑧拡散する前によく見てね

チェックしていないニュースや情報を拡散させないという姿勢が大事です。拡散する行為には責任が伴います。「拡散させただけ」という

言い訳は通用しません。

　フェイクニュースに関連する用語に「**スーパースプレッダー（super spreader）**」があります。これは，フェイクニュースなどを数多くの人に拡散する人のことです。山口による報告[15]では，このスーパースプレッダーは全体の1％しか存在しませんが，拡散数は約95％を占めているそうです。そして，ファクトチェック済みのフェイクニュースをフェイクであることに気づいていない人が40％以上いるとしています。同報告では，フェイクニュースの真偽判定能力に影響を与える要素として，情報リテラシー，メディア接触・信頼，マスメディアや生活への不満を挙げています。情報リテラシーは，ニュースを読み解く「読解力・国語力」に近い能力です。メディア接触・信頼では，ソーシャルメディアやメールへの信頼度が高いとフェイクニュースに騙されやすい傾向があるとしています。また，マスメディアや生活への不満が高いとフェイクニュースの判断がしづらい傾向があり，騙されやすくなるとしています。

　インターネット上での炎上に関する研究[16]によると，19,992人を対象に行ったアンケート調査の結果，炎上に積極的に加担した人（複数回の書き込みをした人：炎上加担者）は200人程度であったそうです。炎上もフェイクニュースも少数の人によって書き込まれていることがわかります。このような人々によって形成された**ネット世論（サイバー空間での世論）**は，**実際の世論（フィジカル空間での世論）**と大きく乖離していると言えます。

---

15) 山口真一（2021）わが国における誹謗中傷・フェイクニュースの実態と社会的対処. プラットフォームサービスに関する研究会.
16) 山口真一（2015）実証分析による炎上の実態と炎上加担者属性の検証. 情報通信学会誌，Vol.33，No.2，pp.53-65.

1.4
集めたら整える

1.4.1 効率的に集める

　大学の授業で書くレポートには，次のようなものがあります。

　①指定された図書（の章）を読んで内容を要約して自分の意見を述べる。

　②与えられた課題について調べ，その結果をまとめて自分の意見を述べる。

　③課題を自ら考え，その課題について調べて，その結果をまとめて自分
　　の意見を述べる。

　①と②には要約するだけ，結果をまとめるだけのレポートもあります。
③は卒業論文や修士論文，博士論文などが該当します。②，③は課題が与
えられたものか，自ら考えたものかの違いはありますが，いずれにせよ課
題に関する情報を収集する必要があります。ただ，無計画に情報を収集し
ようとすれば時間と労力を無駄に費やしてしまいます。

　必要な情報を迅速に無駄なく収集するためには，課題を深く分析する必
要があります。例えば「男女間賃金格差について論じよ」という課題が出
されたとき，具体的に何を論じればよいかわかりません。そこで，まずは
大学図書館や書店で「男女間賃金格差」に関する図書（できれば内容を網
羅しているもの[17]）を探します。入手した図書から「男女間賃金格差」に関
する基本的な知識と，何が問題になっているのかを調べます。多くの場合，
問題点は複数存在しますので，ここからレポートで取り上げる問題点を選
びます。

　「男女間賃金格差」に関する問題点を絞り込むことができれば，さらに
関連する情報を収集します。もし「男女間賃金格差」に関する図書が見つ
からないときは，関係する雑誌を探します。また，先に紹介しました
CiNii 等の文献データベースで「男女間賃金格差」や関連すると思われる
用語をキーワードにして論文を検索します。あるいは，図書や論文以外に
「男女間賃金格差」に関するデータを収集して問題点を把握する方法もあ

17）例えば「山口一男（2017）働き方の男女不平等　理論と実証分析．日本経済新聞社.」
　　など。

ります。データの収集先は1.2節で紹介した「政府統計の窓口 e-Stat」や各府省庁，政府に関連する独立行政法人・研究機関，地方自治体のウェブサイト，その他，企業のウェブサイトなどがあります。

図1　カードの例

1.4.2　整理の方法

レポートを執筆するために収集した情報が図書や論文，評論などのテキスト情報である場合，それらを読んで要約や抜粋を行い，図1のようなカードに記入します[18]。

カードにはタイトル，要約あるいは抜粋，**書誌情報（書誌要素）**[19]を記入します。要約や抜粋に対するコメントを同時に記入しておけばレポートを執筆する際に役立ちます。カードは，市販されている紙のカードでもいいのですが，パソコンやタブレットなどで利用できる Microsoft Whiteboard，OneNote などのアプリ，Microsoft Word や Microsoft Excel のテキストボックスを利用すれば後で情報を整理するのに有用です。

論文や図書はすべてを読む必要はありません。論文であれば最初（序論）と最後（結論）を読みます。アブストラクト（要約）があればそれも読みます。図書であれば目次と索引から該当部分を探して読みます。このように必要な部分だけを読んで情報を抜き出し（要約・抜粋）ます。収集した情報が数値データであれば，Excel などの表計算ソフトにまとめておきます。必要に応じて，それらのデータをグラフ化し，コメントを加えておきます。データ一覧だけではなくグラフにしておくと，後で整理するときに役立ちます。

このようにして集めた情報は，レポートを執筆するときに改めて読みな

---

18) 情報を整理するにはカードが便利ですが，文献管理には Excel や文献管理用ソフトを使います。Excel を使う場合，1行に一つの文献情報（書誌情報，要約，コメント）を入力しておきます。
19) 「4.5.3　引用の方法」を参照。

おし，レポートの仮説[20]や論証に合わせて，入れ替え・組み合わせを行い，その内容に応じてグループ化します。グループ化したものはレポートの章や節になり，アウトライン[21]作成に活用することができます。

　カード化したテキスト情報を整理する方法に **KJ 法（親和法）** があります。KJ 法は関連性や親和性がある内容の近いカードをグループ化する方法です。まず，図 1 のテキスト情報を箇条書きにしたカード（Word など で作成したテキストボックス）について，関連性や親和性があるものを一つのグループにし，そのグループにタイトル（見出し）をつけます。そして，さらに大きなグループを作れないか検討します。グループの数が 10 個未満になるまでグループ化の作業を繰り返します。どのグループにも属さないカードがある場合，無理にグループ化する必要はありません。グループ化した後は，グループ間の関係性を明確にするために図式化します。図式化はグループ間の関係性を矢印や記号を用いて関連付けていきます。最後に図式化によって関連付けられたグループやカードを基に文章化します。これがレポートを執筆する際のアウトライン作成とレポートの執筆そのものに役立ちます。

━━ コラム❖フェイクニュース ━━

　総務省「令和元年版情報通信白書」では，フェイクニュースの特徴を端的に示した例として，Dictionary.com による次の説明を紹介しています。

> 「センセーショナル性を持ち，広告収入や，著名人・政治運動・
> 企業などの信用失墜を目的としたオンライン上で広く共有される
> ように作成された偽のニュース記事」

　収入を得ることや信用失墜などがフェイクニュースを流す目的となっていますが，中には単に注目を集める，承認要求を満たすだけのこともあるようです。広告収入については，NHK が 2018 年 3 月 22 日に放送した「放送記念日特集『フェイクニュースとどう向き合うか〜

20）「4.1.2　「問いかけ」で分類する」を参照。
21）「4.3　演習●アウトラインを構想しよう」を参照。

"事実"をめぐる闘い〜』」において，バルカン半島にあるマケドニア共和国の地方都市ヴェレスが「フェイクニュース工場」と呼ばれ，100を超えるフェイクニュースサイトを運営している実態が取り上げられています。2016年4月14日に発生した熊本地震の直後に「動物園からライオンが放たれた」というSNS上の投稿は，単なる「悪ふざけ」とのことでした。この投稿者は偽計業務妨害の疑いで逮捕・起訴されています。

現在では，急速な人工知能技術の発展に伴って，本物と見分けがつきにくいリアルで高精細なフェイク映像やフェイク音声などが出現しています。これらは**ディープフェイク**（ディープラーニングとフェイクを組み合わせた造語）とも呼ばれています。情報の扱いには一層の注意が必要です。

参考文献　総務省（2019）令和元年版情報通信白書.

1.5
演習◉問題を発見しよう

与えられた課題についてどのように問題を発見するか，具体的な手順を見てみましょう。ただし，すべての課題に適用できるものではないことに注意してください。

課題：1964年から2020年までの給与額を調べ，男女間の賃金格差について検討せよ。

この課題では，男女間賃金格差について何をどのように検討すればよいのか判然としません。そこで男女間賃金格差の本質やその理由，原因，根拠を探求してみましょう。

（1）データを探す　初めに，課題にある「1964年から2020年までの男女別の給与額」を調べます。給与に関するデータは「政府統計の窓口

表　男女間賃金格差

		男女計				男				女				男女間賃金格差(男=100)
	西暦	賃金(所定内給与額)	対前年増減率	平均年齢	平均勤続年数	賃金(所定内給与額)	対前年増減率	平均年齢	平均勤続年数	賃金(所定内給与額)	対前年増減率	平均年齢	平均勤続年数	
		千円	%	歳	年	千円	%	歳	年	千円	%	歳	年	
昭和39年	1964年	24.4	…	31.5	6.2	28.4	…	32.9	7.2	15.2	…	28.2	3.8	53.5
40	1965年	27.3	…	31.7	6.6	31.6	…	33.2	7.8	17.5	…	28.1	3.9	55.4
41	1966年	29.9	…	31.9	6.8	34.6	…	33.5	8.0	19.1	…	28.3	4.0	55.2
42	1967年	32.4	…	32.1	6.9	37.7	…	33.6	8.2	20.8	…	29.0	4.1	55.2
43	1968年	38.4	…	32.4	7.2	44.7	…	33.9	8.6	24.7	…	29.0	4.3	55.3
44	1969年	43.3	…	32.6	7.2	50.4	…	34.1	8.6	27.9	…	29.5	4.3	55.4
45	1970年	52.1	…	33.1	7.5	60.1	…	34.5	8.8	33.7	…	29.8	4.5	56.1
46	1971年	59.8	…	33.5	7.6	68.6	…	34.8	9.0	39.1	…	30.4	4.6	57.0
47	1972年	69.0	…	33.9	7.9	79.1	…	35.2	9.2	45.1	…	31.0	4.8	57.0
48	1973年	83.4	…	34.9	8.3	95.1	…	36.0	9.6	56.5	…	32.3	5.3	59.4
49	1974年	106.1	…	35.3	8.4	121.4	…	36.4	9.8	72.6	…	33.1	5.6	59.8
50	1975年	122.8	…	35.5	8.8	139.6	…	36.4	10.1	85.7	…	33.4	5.8	61.4

図2　「男女間賃金格差」の Excel データ（一部）

出所：独立行政法人労働政策研究・研修機構「図6　男女間賃金格差」
(https://www.jil.go.jp/kokunai/statistics/timeseries/html/g0406.html)

e-STAT」にありますが，最初から性別に関する給与データを多くの統計資料から見つけ出すことは難しいので，まずは Google 検索で調べてみます。その結果，独立行政法人労働政策研究・研修機構が提供している「図6　男女間賃金格差」というデータがありました。この機構は厚生労働省所管の独立行政法人なので，データは信頼してよいでしょう。そこで，この図のもとになっている Excel データをダウンロードします（図2）。

（2）検討に必要なデータを抽出する　男女間賃金格差をする検討には男性の賃金と女性の賃金が必要ですので，図2の点線で囲まれた列（B列：西暦，G列：賃金（男），K列：賃金（女））を Excel のワークシートにコピーします。それらのデータから男女間の賃金の差を計算します（図3）。

　図3のデータ（西暦，男性賃金，女性賃金，男女間の賃金の差）をグラフにすると，図4のようになります。

（3）データを検討する　課題の男女賃金格差を検討する準備ができました。図4のグラフを見ると，1970 年代前半までは賃金格差はあるもの

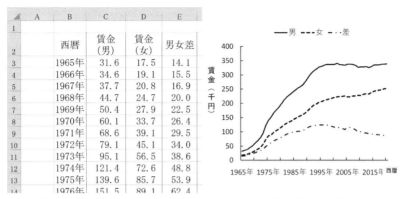

	A	B	C	D	E
1					
2		西暦	賃金 (男)	賃金 (女)	男女差
3		1965年	31.6	17.5	14.1
4		1966年	34.6	19.1	15.5
5		1967年	37.7	20.8	16.9
6		1968年	44.7	24.7	20.0
7		1969年	50.4	27.9	22.5
8		1970年	60.1	33.7	26.4
9		1971年	68.6	39.1	29.5
10		1972年	79.1	45.1	34.0
11		1973年	95.1	56.5	38.6
12		1974年	121.4	72.6	48.8
13		1975年	139.6	85.7	53.9
14		1976年	151.5	89.1	62.4

図3　抽出した Excel データから求めた男女間の賃金差（一部）　　図4　男女間賃金格差のグラフ

の賃金は同じように上昇しています。1970年代半ばから賃金格差は徐々に広がっていきますが，1995年ごろを境にその差は徐々に小さくなっていきます。他方，1993年ごろから男性の賃金がほぼ横ばい状態になっていますが，女性の賃金は上昇傾向にあります。

（4）問題点をまとめる　これらをまとめると次のような問題が見えてきます。
　①なぜ男女間に賃金格差はあるのか。
　②1993年ごろから男性の賃金の伸びが鈍化し，ほぼ横ばいになったのはなぜか。
　③女性の賃金が伸び続けているのはなぜか。
　④いつから賃金格差は広がり始めたか。
　すべての問題を検討対象にすると大変な作業になるので，検討対象を絞ります。ここでは，そもそもの問題である①の「なぜ男女間に賃金格差はあるのか」を考えることにします。ここで注意しなければならないことは，②を男性の賃金の問題，③を女性の賃金の問題として検討すると，課題「男女間の賃金格差について検討せよ」の主旨から離れるということです。②，③の問題は男女間賃金格差の問題として検討しなければなりません。

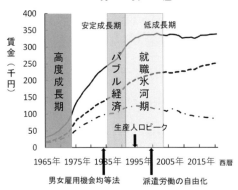

図5 男女間賃金格差と時代背景

（5）時代背景を考える

①の問題を検討するために，時代背景を考えてみましょう。日本の経済は，1973年ごろまで高度経済成長が続いていました。その後，安定成長期に入り1986年から1991年ごろまでのバブル景気，その後の就職氷河期と低成長期があり，現在に至っています。労働環境では，1985年に男女雇用機会均等法が成立し，1995年には生産人口がピークを迎えています。1999年には派遣労働が自由化されました。これらの時代背景を図4に書き込んだ図が図5です。

この図5を見ると，安定成長期に入ってから賃金格差が広がっているように見えます。また，1985年に男女雇用機会均等法が施行されましたが，賃金格差は拡大傾向が続いています。賃金格差が縮小するのは生産人口がピークに達した後のように見えます。

1985年に男女雇用機会均等法が成立して採用・配置・昇進などにおいて性別を理由にした差別が禁止されることになりました。それまでの女性の業務は，単純な業務，男性の業務の補助的な業務に限定されていました。しかし，この法律が成立・施行されたことによって「総合職」と「一般職」という「コース別雇用管理制度」[22]が導入され，女性も総合職に就くことができるようになりました。

1999年と2004年に労働者派遣法が改正され，労働者の派遣業種が拡大しました。厚生労働省は①無期雇用，②フルタイム労働，③直接雇用の三つを満たす労働者を「正規雇用労働者」としており，これらのいずれかを

---

22) 厚生労働省（2015）平成26年度コース別雇用管理制度の実施・指導状況（確報版）を公表します．https://www.mhlw.go.jp/stf/houdou/0000101661.html

満たさない者を「非正規雇用労働者」としています[23]。この非正規雇用労働者には「パート（タイム）」「アルバイト」「労働者派遣事業所の派遣社員」「契約社員」「嘱託」などが該当します。労働者派遣法が対象にしている労働者は「労働者派遣事業所の派遣社員」になります。

（6）問題の検討　（4）でリストアップした①の問題「なぜ男女間に賃金格差はあるのか」を上記の時代背景を基に検討してみましょう。

　高度経済成長期のころの4年制大学への進学率は，例えば1973年では男性が35.6％で女性が10.6％でした。短期大学への進学率は男性が2.4％で女性が16.4％でした。9割近い女性が高卒あるいは短大卒で就職していることになります。当時の女性は20代半ばごろ結婚・出産を機に退職し，専業主婦になることが一般的でした。つまり女性の長期間の就業や管理職への昇進が少なく，昇給の機会も少なかったと言えます。また，女性の業務は単純業務あるいは補助的業務が多く，男性よりも賃金が低く設定されていたと思われます。したがって，高度経済成長期から安定経済成長期の間での女性就業者の平均像は，年齢が若く単純業務や補助的業務に係わり昇進しないことから，賃金は男性に比べて低くなっていると推測できます。

　1985年に男女雇用機会均等法が成立して，性別によって採用・配置・昇進などで差別することが禁止されました。これによって女性は男性と同じ賃金体系によって同じように働くことができるようになりました。しかし，2018年には女性も4年制大学への進学率が50％を超えて（男性は2005年に超えています）いますが，男女間の賃金格差はいまだ残っています。その要因の一つは女性が結婚・出産・育児のため退職，休職するというライフステージにあると思われます。内閣府の調査[24]では，出産・子育てのために退職しその後再就職した場合，就業継続した場合と比べて7,200万円の就業所得逸失が発生し，パートとして再就職した場合では逸失額が1億8,600万円になると試算しています。

---

23) 厚生労働省（2021）令和3年版労働経済の分析.
24) 内閣府（2001）家族とライフスタイルに関する研究会報告書. https://www.gender.go.jp/kaigi/danjo_kaigi/siryo/pdf/ka04-10.pdf

ライフステージとは別の要因に職業分離（Occupational Segregation）も考えられます。これは、職業は男性が多い職業と女性が多い職業に分離されており、女性が就業する職業（保育士，介護士，客室乗務員など）に賃金が低い業種が多く，その結果，男性との賃金格差が生じるという考え方のことです。これら以外の要因には，ライフステージと関連しますが，男性は職場で過ごす時間が多いのに対して，女性は職場と家庭を行き来することが多く，職場で過ごす時間が男性に比べて少なくなります。これが男女間の賃金格差につながるという考え方があります。

第2章
論理構造の把握

2.1
構成要素の相互関係

　レポートはいくつかの章で構成されています。章は一つまたは複数の節で構成されています。節も一つまたは複数の段落で構成されています[25]。その段落は通常複数の文で構成されています。文は句点やピリオド，疑問符，感嘆符で区切られる文字の集まりで，いくつかのまとまりのある文で構成されているのが文章です[26]。この「まとまり」をどのように捉えるかによって文章の範囲が異なります。レポートは，あるテーマに関してまとめられたものですので，レポート全体を文章と捉えることができます。また，章，節，段落も特定のテーマに沿ってまとめられたものですので，文章と言えます。

　図6は段落が5つの文で構成されている例文です。文1，文2，文3，文4は接続詞「しかし」「特に」「また」で接続されていますので，まとまりのある文で構成されている一つの文章と言えます。文5は文1〜文4とは異なった内容を述べています。この例文では文1〜文4の文章と文5で一つの段落を構成しています。

　このように「まとまり」の範囲によって，レポート全体を文章とする捉え方から段落を構成する一つの要素とする捉え方までがあります。本書では，後者の段落を構成する一つの要素を文章と捉えることにします。

25）節の下位レベルに項がありますが，ここでは省略しています。
26）平凡社 編（1998）世界大百科事典. 第2版, 日立デジタル平凡社.

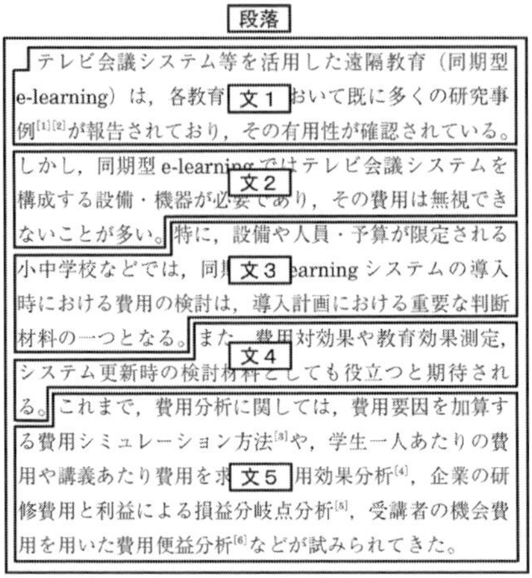

段落

テレビ会議システム等を活用した遠隔教育（同期型 e-learning）は，各教育 **文1** おいて既に多くの研究事例[1][2]が報告されており，その有用性が確認されている。しかし，同期型 e-learning ではテレビ会議システムを構成する設備・機器が必要であり，その費用は無視できないことが多い **文2** 特に，設備や人員・予算が限定される小中学校などでは，同期 **文3** learning システムの導入時における費用の検討は，導入計画における重要な判断材料の一つとなる。また，費用対効果や教育効果測定， **文4** システム更新時の検討材料としても役立つと期待される。これまで，費用分析に関しては，費用要因を加算する費用シミュレーション方法[3]や，学生一人あたりの費用や講義あたり費用を求 **文5** 用効果分析[4]，企業の研修費用と利益による損益分岐点分析[5]，受講者の機会費用を用いた費用便益分析[6]などが試みられてきた。

図6　レポートの構成　文・文章・段落

出所：田島貴裕，奥田和重（2009）優劣分岐を適用した小規模同期型 e-learning システムの経済性分析．コンピュータ＆エデュケーション，vol.27，pp.62-64.

レポートは，章，節，項，段落，文章，文で構成されています。これらが相互に関係しあって一つのレポートを形成しています。レポートの執筆や読解のためには，これらの相互関係を意識あるいは把握しなければなりません。この相互関係を意識・把握するために，文章の内部構造からはじめ，文章と文章の関係，文章のまとまりとしての段落あるいはパラグラフ相互の関係，節や章全体の相互関係へと，そのつながりを捉えていきます。

2.2
構造は接続関係で考える

　本節では，文章の内部構造を野矢[27]に倣って文や語句の**接続関係**で捉えることにしましょう。接続関係は，前後の文や語句をつなぐ接続語によって表現されます。接続語には，順接，逆接，添加・累加，対比・選択，転換，換言・説明，補足があります（表1）。以下では「A接続語B」[28]という文章を考えることにします。

2.2.1　順接
　文章「A接続語B」で，順接はAが原因・理由となって，Bにその当然

27）野矢茂樹（2006）新版論理トレーニング．産業図書．
28）日本語文法学会 編（2014）日本語文法事典．大修館書店．
29）A，Bは文や語句などです．表1で「先」はAで「後続」はBになります．

表1　接続詞と接続助詞

種類	意　　味
順接	後続の内容が先の内容から推論されることを示す
逆接	後続の内容が先の内容から推論される内容に反することを示す
添加・累加	後続の内容を先の内容に付け加える
対比・選択	後続の内容を新たな選択肢として付け加える
転換	後続の内容が先の内容とは別ものであることを示す
換言・説明	後続の内容が先の内容の言い換えであることを示す
補足	後続の内容が先の内容の注釈であることを示す
接続助詞	「なら」「と」「ば」「たら」「から」「ので」「ても」「のに」「けれど（も）」「が」「ながら」「つつ」「し」「たり」等

（「日本文法学会編（2014）日本語文法事典」を参考にして作成）

の結果・結論が来る接続関係です。レポートで用いられる順接の接続語には，原因－結果に用いられる「すると」「その結果」「それにより・これにより」「それによって・これによって」などがあり，理由－結論に用いられる「そのため・このため」「そこで」「よって」「したがって」「ので」「から」などがあります。次の文章は，原因－結果の接続語の例です。

　　教授は授業で多くの課題を学生に課した。すると，教授は学生から「鬼」と呼ばれるようになった。
　　彼は必修科目の単位を落としてしまった。その結果，彼は留年することになった。

　次の文章は，理由－結論の例文です。

　　彼女は病気です。したがって，来られません。
　　彼女は病気ですので，来られません。（「病気です（文節）」＋「ので（接続助詞）」）

2.2.2　逆接
　文章「A接続語B」で，逆接はAから推論される当然の結果・結論とは

相反する順当でない結果Bが来る接続関係です。レポートで用いられる逆接の接続語には「しかし」「しかしながら」「が」「だが」「ところが」「ものの」「とはいえ」などがあります。

「A。しかし，B」という接続関係では，言いたいことはBになります。まずAが示されたのちに，対立するBが主張されます。次の二つの文章で考えてみましょう。

①授業は面白い。しかし，テストは難しい。
②テストは難しい。しかし，授業は面白い。

①の文章で言いたいのは「テストは難しい」で，②の文章では「授業は面白い」です。①の文章では受講しないかもしれませんが，②の文章では受講するかもしれません。いずれにせよ，言いたいことは文章の後半にあります。

「A。だが，B」は，AとBが対立する事柄の場合に用いられる接続関係で，やはり言いたいことはBになります。

④今日の課題はできなかった。だが，明日はきっとできるだろう。

この文章では「できなかった」と「できる」を対立させています。言いたいことは「できるだろう」で，明日に希望を持っています。

2.2.3　添加・累加

　文章「A接続語B」で，添加・累加はAとBを対等に並べたり，AにBを付け加えたりする接続関係です。レポートで用いられる添加・累加の接続語には「そして」「また」「しかも」「そのうえ」「および」などがあります。

　「AそしてB」で表される接続関係は，論理的には最も弱い接続関係です。これには「列車は減速した。そして停車した。」のようにAの次にBという事柄が引き続いて起こることを表す場合と，「映画は感動と，そし

て勇気を与えた。」のようにAにBを付け加える場合があります。「Aしかもв」は，Aのある側面を「しかもB」で強調しつつ主張を付加するものです。これには「長い直線道路で，しかも上り坂だ」のようにAにBが加わる「その上」の意味の場合と，「誤りを指摘され，しかも改めない」のようにAで述べたことと対比的なこと（B）が続く「それでもなお」の逆説的な意味の場合があります。

「AまたB」は，Aに対等の関係にあるBを追加する接続関係です。

> 彼は優秀な研究者であり，また優秀な教育者でもある。

この接続関係では「優秀な研究者」と「優秀な教育者」を並立させています。この文章での「また」は「ならびに」の意味があります。次の文章はどうでしょうか。

> オンデマンド授業はいつでも受講できる。また，通学不要なので時間の節約にもなる。

この文章ではオンデマンド授業のメリットとして「いつでも受講できる」をあげ，さらに「時間の節約になる」をあげています。この文章の「また」は「その上」の意味があります。

2.2.4　対比・選択

　文章「A接続語B」で，対比・選択はAとBを比較したり，いずれかを選択したりする接続関係です。対比・選択の接続語でよく用いられているものには「一方」「他方」「むしろ」「または」「あるいは」「それとも」「ないし」などがあります。

　対比では文章の中で何と何が対比されているのかを明確にすることが重要になります。これを明確にするためには対比される二つのものに共通点と相違点が存在する必要があります。この共通点は，何が話題にされているかを示す主題で，相違点は，話題について何が言いたいのかを示してい

ます。次の文章を見てみましょう。

①大学を設置するために必要な基準は，通学制は「大学設置基準」，通信制は「大学通信教育設置基準」と別々に定められている。一方，②大学院の場合は，通学制，通信制ともに同じ「大学院設置基準」で基準が定められている。

①と②の文章の共通点は「設置するのに必要な基準」で相違点は大学（学部）と「大学院」です。

　選択はAとBのどちらか一方を選ぶ接続語です。「AまたはB」ではA，Bのどちらかを選択します。

希望学科は，経済学科または商学科を選択してください。

　進級を希望する学科は，一つしか選べませんので，いずれか一方を選択することになります。「AないしB」は，数量や階級の上限と下限を示す場合と，「または」「あるいは」の意味で用いられる場合があります。

①授業は3人ないし5人の教員で実施されます。
②授業は対面ないしオンデマンドで実施されます。

①は授業を担当する教員数が3人から5人であることを示しています。②は授業が対面受業とオンデマンド授業のいずれかで実施されることを述べています。

2.2.5　転換

　文章「A接続語B」で，転換はAとは別の主張Bに話題を変える接続関係です。転換の接続語でよく用いられているものには「ところで」「では」「それでは」「さて」などがあります。また，「一方」「他方」が用いられることもあります。

①少子化によって受験者人口が減少し，定員割れする大学の数も増加
　している。では（それでは），②受験者人口を増加させる方策を検討
　してみよう。

①の話題は，少子化によって定員割れの大学が増えている現状です。②で
は，そのような現状を踏まえて受験者人口を増やす方策に話題を変えてい
ます。

2.2.6　換言・説明

　文章「A接続語B」で，換言・説明はAについてBで説明を加えたり，
内容を補ったりする接続関係です。換言・説明の接続語でよく用いられる
ものには「なぜなら」「ただし」「なお」「もっとも」「つまり」「すなわち」
「例えば」「特に」などがあります。

　レポートを書くときに，理由を説明する文章が長くなる場合は，初めに
結論・結果を述べ，その後に理由・原因を説明するようにします。「なぜ
なら」以外の接続詞には，「というのは」「その理由は」などがあります。

　　彼女は来られません。なぜなら，病気だからです。
　　彼女は来られません。その理由は，病気だからです。

「A，例えばB」と表現したとき，BはAの具体的な解説になっている場
合と，Aの具体的な根拠になっている場合があります。しばしば，解説し
つつ根拠づけるような曖昧な形で用いられることもあります。次の文章は，
解説になっている場合と根拠になっている場合の例文です。

　　戦後の大学通信教育は多様な人々が学んでおり，例えば，教員，旧軍
　　人，農業従事者，復員してきた学生などがいた。（解説）

　　遠隔教育は，教育機会の拡大に大きく寄与してきた。例えば，学校の

ない地域の人や病院に入院中の人，経済的に恵まれない勤労青少年，戦時中の戦場の兵士なども多数学んでいた。（根拠）

　このような接続関係では，接続表現だけに注目するのではなく接続の範囲，すなわち何と何が接続されているかにも注目する必要があります。接続される範囲は一つの文である場合もあるし複数の文である場合もあります。次の文章を見てみましょう。

　オンライン授業は，教育機会拡大のための有効な手段である。時間や場所を問わず，様々な環境下でも学習が可能な教育形態である。<u>例えば</u>，日本のどこにいても，遠くにある大学の授業をオンラインで受講することができる。また，海外にある大学の授業をオンラインで受講することも可能である。たとえ大学から何万キロ離れていても，世界中の大学の授業を受けられる。オンライン授業は多くの可能性を秘めているといってよいであろう。

　この文章は，オンライン授業が教育機会拡大のための有効な手段であり，様々な環境下でも学習が可能な教育形態であることを「例えば」以降の文章で解説しつつ根拠づけています。「例えば」に直接接続されている文章は「日本のどこにいても，遠くにある大学の授業をオンラインで受講することができる」と「海外にある大学の授業をオンラインで受講することも可能である」ですが，接続範囲は「たとえ大学から〜受けられる」までになります。
　「すなわち」「つまり」「言い換えれば」といった接続語には，それまでに述べてきたことをまとめる「要約」，概略をまず示しておき後で詳述する「敷衍（ふえん）」，同じ内容をより印象的な表現に言い換えて理解を助ける「換言」があります。

　2023年度の大学数は810校（学生数2,945,807人）で，私立大学は622

校（学生数 2,179,716 人）であった[30]。私立大学が占める割合は，大学数で 77%，学生数で約 74% である。つまり日本の高等教育は，その 7 割以上を私立大学が担っていると言える。（要約）

大学入学共通テストは 6 教科，すなわち数学，国語，外国語，理科，地理歴史，公民で実施される。（敷衍）

卒業論文は全員合格だった。言い換えれば，皆，卒業したということである。（換言）

2.2.7 補足

文章「A接続語B」で，補足はAの意味をBで解説をする接続関係です。レポートで良く用いられるこの接続関係には「ただし」「もっとも」「なお」などがあります。

「AはBである。ただし，Cである。」という文章では，主張はBにあり，Cは補足的にBを制限しています。

著者の研究テーマの着眼点は良い。ただし，研究結果は，すでに指摘されていることである。

「AはBである。もっとも，Cである。」という文章は，「AはBである」を肯定したうえで例外や条件，事実をCで述べます。

この講義は難しくはありません。もっとも，単位を落とす人は毎年 2,3 名いますが。

「AはBである。なお，Cである。」では，「AはBである」と述べた後で「Cである」と言い添えます。

調査の結果，事象の原因を明らかにすることができたが，なお検討の

30）文部科学省（2023）令和 5 年度学校基本調査（速報）．

余地がある。

2.2.8 譲歩

　ここでは，前項までの接続関係で取り上げていなかった譲歩に関する文章の内部構造を考えます。譲歩の接続語には「たしかに」「もちろん」「むろん」などがあります。譲歩は接続語の後に続く事柄をいったん受け入れて，その後に主張を述べます。例えば，「たしかにA，だがB」ではAをいったん受け入れて，それを踏まえて本音であるBを述べています。この例文のように譲歩は逆接の一種とみなすことができます。次の例文を見てみましょう。

　　①君は丁寧に実験をしている。しかし結果を出すのが遅すぎる。
　　②たしかに君は丁寧に実験をしている。だけど結果を出すのが遅すぎる。

を比べると，①は「AしかしB」という逆接で，主張は「遅すぎる」にあります。②では「丁寧に実験をしている」をいったん受け入れて，これを踏まえたうえで「遅すぎる」という本音を述べています。このような譲歩のしかたにもいくつかの類型があります。例えば，「たしかに」は相手を立てている場合もあります。他方，「もちろん」は常識を踏まえての譲歩と言えます。次の文章はその例です。

　　この授業における一昨年の不可の学生は20名，昨年の不可の学生は30名と多くの学生が不可になっていますが，もちろん不可にしたくてしているわけではありません。

　重要なことは譲歩の範囲がどこまでで，どこからが主張なのかを把握することです。次の文章で考えてみましょう。

　　①一般に通信教育のはじまりは，1830年代から行われたアイザッ

ク・ピットマンによる速記の指導と言われている。<u>たしかに</u>，②ピットマンは当時開始された低価格の郵便制度を利用して，遠隔地にいる人へ添削指導を行っていた。また，③通信教育のために，速記方法の教科書を作成した。<u>しかし</u>，④日本でも，1700 年代後半には，本居宣長の私塾「鈴屋」において書簡のやり取りにより遠隔地にいる人へ教えたという記録がある。双方向教育という意味では，鈴屋は世界最初の通信教育とも言える。

「たしかに」で①の主張をいったん受け入れて，②③で譲歩しています。④で著者の主張を明確にして反論しています。この文章での譲歩の範囲は②と③になります。

2.3
論証の仕組みを知る

2.3.1　論証

　レポートは，文章を単に書き連ねるのではなく，正しい結論を導くために，文章を適切に並べる必要があります。論証を通じてこれを考えてみましょう。論証は，いくつかの根拠から一つの結論を導くことです[31]。主張を羅列するだけでは議論にはなりませんし，それは単なる感想文でしかありません。なぜそうなるのか，なぜそう言えるのかを示すことが重要で，結論と共に根拠も示す必要があります。

　もっとも単純な論証は，根拠Ａから結論Ｂが導かれる場合です。根拠から結論を導く過程を**導出**と言います。論証が適切であるかどうかの評価は，適切な根拠から適切な導出によって結論が導かれているかで行われます。その際，根拠の適切さの評価と導出の適切さの評価は独立して行われます。次の文章を見てみましょう。

31）根拠と結論を命題と呼んだり，根拠を前提，結論を主張と呼んだり，論証の定義には様々なものがあります。ここでは根拠と結論という用語を用いることにします。

①実際にビジネスプランを作成するときには，読み手によって強調点を変えなければならない。なぜなら，②読み手によって，関心やビジネスに期待するポイントが異なるからである。[32]

この文章の論証を次のように表記することにしましょう。

②読み手によって，関心やビジネスに期待するポイントが異なる。	根拠
①ビジネスプランを作成するときには，読み手によって強調点を変えなければならない。	結論

「②読み手によって期待するポイントが異なる」を根拠にして「①読み手によって強調点を変えなければならない」と結論付けています。次の文章はどうでしょうか。

　　①市場は存在し，また②競合する企業も少ないことから③ビジネス機会はあると言える。したがって，④提案する事業を実施すべきである。

この論証は次のように表記することができます。

①市場は存在する。	根拠 1	
②競合する企業は少ない。	根拠 2	
③ビジネス機会はある。	根拠 3	（①と②から導かれる結論）
④提案する事業を実施すべきである。	結論	

　①の根拠 1 と②の根拠 2 から③の根拠 3 が形成され，④の結論が導かれています。複数の根拠（①と②）が合わさって一つの根拠（③）となり，そこから一つの結論（④）が導かれています。
　次は，複数の根拠が示され，複数の導出がなされて一つの結論を導く例です。

---

32) 小樽商科大学ビジネススクール 編（2012）MBA のためのビジネスプランニング．改訂版，同文舘出版，p.18.

①本学における調査結果から，サークルに熱心に取り組む学生ほど，期末試験の点数が高いことが示された。②学部別，学年別に分けて分析した場合，いずれも試験の点数に差がないことが示された。したがって，③充実した大学生活は，学生の学習活動に対して良い影響がある，という仮説を支持した結果となっている。

この論証の表記は次のようになります。

①サークルに熱心に取り組む学生ほど，期末試験の点数が高い。	根拠1
②学部別，学年別での試験では点数に差がない。	根拠2
③大学生活が充実している学生は学習活動に対して良い影響がある。	結論

①の根拠1と②の根拠2から③の結論が導かれています。①の根拠と②の根拠は互いに独立して③の結論を導いています。

論証の構成を分析するには，まず最終の結論を確認します。そして，その最終の結論がなぜそう言えるのかという直接の根拠を探します。さらに，その根拠はなぜ言えるのか，というように根拠をさかのぼっていきます。このように最終の結論を直接導く過程を**主論証**と呼び，挙げられた根拠に対する根拠を示す過程を**副論証（部分論証）**と呼びます。先に取り上げた例文の構成を分析してみましょう。取り上げた例文は，次のようでした。

①市場は存在する。	根拠1	
②競合する企業は少ない。	根拠2	
③ビジネス機会はある	根拠3	（①と②から導かれる結論）
④提案する事業を実施すべきである。	結論	

①の根拠1と②の根拠2から③が結論として導かれています。そして，その③を根拠にして④が導かれています。①と②から③を導く論証が副論証で，③から④を導く論証が主論証になります。

この例文では二つの根拠に基づいて結論となる根拠3を導いています。根拠1「市場は存在する」と根拠2「競合する企業は少ない」は，それぞれ市場分析と競合分析から導かれます。市場分析では，想定している市場

において需要・顧客に関する情報を収集・分析して，需要・顧客が存在するかを検討します。競合分析では，進出する地域に競合となる企業が存在するのかを検討します。もし，存在しているのであればどの程度競合するのかを分析します。検討・分析の結果，「市場は存在する」「競合する企業は少ない」と結論付けます。これらの結論は根拠1と根拠2になり，収集した情報は根拠1と根拠2を裏付ける証拠になります。このような根拠は適切であると言えるでしょう。

2.3.2　演繹的論証

「2.3.1　論証」では，導出として単純な論証形式を例示しました。次に，代表的な論証形式である**演繹的論証**，**帰納的論証**，**アブダクション**，**仮説演繹法**について説明します。

　演繹的論証は，前提となる根拠が正しければ，それによって導かれる結論も必ず正しくなるような論証です。しかしながら，根拠に結論が既に含まれているため，正しい結論を得ることができますが，根拠以上の新しいことは何も加わっていません。演繹的論証として，ここでは，**三段論法**，**モードゥス・ポンネンス**，**モードゥス・トレンス**，**背理法**（帰 謬 法）を取り上げます。

　（1）三段論法　三段論法（syllogism）は次の文章で説明されることが多いです[33]。

　　①すべての人間は死す。②ソクラテスは人間である。③ゆえにソクラテスは死す。

①を**大前提**，②を**小前提**，③を**結論**と呼びます。三段論法は，このように二つの前提から結論を導く**論理的推論**です。結論の主語（ソクラテス）を**小概念**，述語（死す）を**大概念**，主語（小概念）と述語（大概念）を媒介す

---

33) 平凡社 編（1998）世界大百科事典，第2版. 日立デジタル平凡社.

る概念（人間である）を**媒概念**または**中概念**と呼びます。また，小概念
（主語）を S，大概念（述語）を P，中概念を M で表します。この記号を
用いて上の例文を書き換えると次のようになります。

　　　①すべての M は P である。② S は M である。③ゆえに S は P である。

　このような三段論法は図 7 のように表されます。①は元の文章で，②は
小概念，大概念，中概念をそれぞれ S，P，M で置き換えたものです。③
は例えば「M は P である」を記号 "M － P" で表記した場合の表現です。
三段論法は図 7 ③の形だけでなく大前提と小前提の M の位置によって図
8 のように分類されます。これらは伝統的に「**格**」と呼ばれています。

大前提	すべての人間は死す。	すべてのMはPである。	M—P
小前提	ソクラテスは人間である。	SはMである。	S—M
結　論	ゆえにソクラテスは死す。	ゆえにSはPである。	S—P
	①	②	③

図 7　三段論法

	第 1 格	第 2 格	第 3 格	第 4 格
大前提	M—P	P—M	M—P	P—M
小前提	S—M	S—M	M—S	M—S
結　論	S—P	S—P	S—P	S—P

図 8　三段論法の 4 つの格
（「平凡社編（1998）世界大百科事典第 2 版」の解説を基に作成）

　大前提の例文は「すべての人間は死す。」でした。これを S，M，P で
置き換えたものが「すべての M は P である。」でした。これは「すべて
の（全称）」が「である（肯定）」という文章ですので「**全称肯定判断**」と
呼ばれています。しかし全称や肯定だけでなく「ある（特称）」や「でな
い（否定）」も存在します。これらを組み合わせると「全称肯定判断」以
外に「**全称否定判断**」「**特称肯定判断**」「**特称否定判断**」があります。これ

らも伝統的に「A判断」「E判断」「I判断」「O判断」と呼ばれて，単にA，E，I，Oと表記されます。それぞれは「すべてのAはBである」「すべてのAはBでない」「あるAはBである」「あるAはBでない」と表されます。

　大前提，小前提，結論はそれぞれA，E，I，Oの4通りあるので一つの格について $4^3 = 64$ 通りの組合せがあります。格は4つありますのですべての組合せは256通りになります。これは，三段論法の型は256個存在することを意味しています。例文では大前提，小前提，結論はともにA（これを"AAA"と表記します）[34]で，この三段論法は成立しています。一方，三段論法が成立しない場合があります。例えば，大前提が「すべてのMはPである（AMP）」，小前提が「すべてのMはSでない（EMS）」，結論が「すべてのSはPでない（ESP）」という三段論法を考えます。この三段論法では，大前提と小前提からはPであるSが少なくとも一つ存在しますので，結論は成り立ちません。このことから，第3格のAEEの組合せは成立しないことがわかります。

　このように成立しない組合せを256通りから取り除くと表2の24通りの組み合わせが残ります。＊印がついている組合せは一つ前の組合せに言い換えることができ，例えば第1格のAAIは一つ前のAAAとして扱うことができます。したがって，正しい三段論法の組合せは実質的には19通りになります。この表を使えば，三段論法の推論が正しいかどうかを確認することができます。

　具体的な例で，三段論法が成立しているかを見てみましょう。三段論法を用いて「イルカは魚でない」と結論付けることを考えます。大前提を

表2　三段論法が成立する組み合わせ

第1格	第2格	第3格	第4格
AAA	AEE	AAI	AAI
AAI＊	AEO＊	AII	AEE
AII	AOO	EAO	AEO＊
EAE	EAE	EIO	EAO
EAO＊	EAO＊	IAI	EIO
EIO	EIO	OAO	IAI

（「平凡社編（1998）世界大百科事典第2版」の解説を基に作成）

34）ソクラテスは一人しか存在しませんので全称の「すべての」は省略しています。

「すべての魚はエラ呼吸する。」、小前提を「すべてのイルカはエラ呼吸しない。」とします。結論は「すべてのイルカは魚でない。」となります。これを三段論法で記述すると次のようになります。

大前提　すべての魚はエラ呼吸する
小前提　すべてのイルカはエラ呼吸しない
結　論　すべてのイルカは魚でない

イルカをS、魚をP、エラ呼吸をMとすると、大前提はP－M、小前提はS－M、結論はS－Pとなります。これは図8の第4格になります。また、判断は大前提がA、小前提がE、結論がEなので、組み合わせはAEEになります。AEEは表2の第4格に存在するので、この例では、三段論法が成立していると確認できました。

（2）モードゥス・ポンネンス（modus ponens）　"modus ponens" はラテン語で、英語では "affirming the antecedent" と表記され**前件肯定**と呼ばれています[35]。これは「AならばBである。Aである。ゆえに、Bである。」という形式をとる論証です。ここでAを前件と呼び、Bを後件と呼びます。そして「Aである」と前件を肯定していますので、そのように呼ばれています。次の例文を見てみましょう。

教授が授業開始時間後30分経っても教室に来なければ休講になる。　根拠1
30分経っても教授は教室に来なかった。　根拠2
だから、授業は休講になった。　結論

例文のように、この論証形式は根拠が真であれば結論も必ず真になります。モードゥス・ポンネンスの論証形式では、AとBにどのような事柄が入っても妥当な論証になります。次の例文を考えてみましょう。

---

35) 倉田剛（2022）論証の教室　入門編. 新曜社, pp.55-56.

英語の授業で用いられる言語はドイツ語です。	根拠 1
英語の授業を履修しています。	根拠 2
したがって，ドイツ語の勉強をしています。	結論

この例文では，根拠1が真でない（偽である）ので結論も真ではありません（偽です）。しかし，モードゥス・ポンネンスの論証形式ですので，妥当な論証であると言えます。これは，導出は妥当であるが根拠が妥当でない例になります。

次の例文はどうでしょうか。

教授が授業開始時間後30分経っても教室に来なければ休講になる。	根拠 1
授業は休講になった。	根拠 2
したがって，教授は30分経っても来なかった。	結論

この例文の根拠は，根拠1，根拠2ともに真です。しかし，結論は真でも偽でもあり得ます。それは，授業が休講になる理由は「教授が授業開始時間から30分経っても来ない」以外にも出張や会議，入院など様々な理由があります。この例文は，「AならばBである。Bである。ゆえにAである。」という論証になっています。これは後件（B）を肯定（Bである）していることから，**後件肯定**（affirming the consequent）と呼びます。このような論証は妥当でなく，**後件肯定の誤謬**と呼ばれています。後件肯定は，意識する・しないに係わらず日常生活の中で多くみられます。

後件肯定の誤謬について，具体的な例を見てみましょう。2023年4月3日に千葉県の海岸にイルカの集団が座礁したというニュースがありました。イルカが集団で座礁するのは大地震の前兆という説があり，このニュースを受けて近い将来大地震が発生するといううわさがインターネット上で広がりました。これを論証形式で表記すると次のようになります。

大地震が発生するならば，その発生前にイルカの集団座礁がある。	根拠 1
イルカの集団座礁があった。	根拠 2
近い将来大地震が発生する。	結論

根拠1の真偽は明らかではありませんが，この論証は後件肯定の誤謬を犯

しています。このようなうわさが広まった背景の一つに2011年3月4日にイルカの集団座礁があり，その1週間後の11日に東北大震災が発生していることがあります。しかし，2015年4月にもイルカの集団座礁がありましたが，大地震は発生していません。地震の発生とイルカの集団座礁の関係は明確になっていません。

（3）モードゥス・トレンス（modus tollens） "modus tollens" はラテン語で，英語では "denying the antecedent" と表記され**後件否定**と呼ばれています[36]。これは「AならばBである。Bでない。ゆえに，Aでない。」という形式をとる論証です。後件Bを「Bでない」と否定しています。次の例文を見てみましょう。

教授が授業開始時間後30分経っても教室に来なければ休講になる。	根拠1
授業は休講にならなかった。	根拠2
教授は授業に30分以上遅れなかった。	結論

この論証も根拠1と根拠2が真であれば結論も真になり，妥当な論証と言えます。

　前件肯定には後件肯定という妥当でない論証がありました。後件否定に対しても前件否定という妥当でない論証が存在します。次は前件否定の例文です。

教授が授業開始時間後30分経っても教室に来なければ休講になる。	根拠1
教授は授業に30分以上遅れなかった。	根拠2
したがって，授業は休講にならなかった。	結論

根拠1，根拠2ともに真です。しかし，結論は真にも偽にもなり得ます。それは，授業が休講にならない理由は，根拠2以外にも教室に来ない教授を学生が呼びに行った，いつも通りに出勤していたなど，様々な理由があります。

---

36) 倉田剛（2022）論証の教室　入門編. 新曜社, pp.59-60.

（4）背理法（reductio ad absurdum） "reductio ad absurdum" はラテン語で，英語では "reduction to absurdity" と表記され帰 謬 法とも呼ばれています。これは，Aが成り立たない（Aは偽）と仮定して，論証を進めると矛盾が導かれることを示し，Aが成り立たないという仮定が誤り，つまりAが成り立つ（Aは真）を結論とする論証形式です。先に取り上げた次の例文に背理法を適用してみましょう。

①本学における調査結果から，サークルに熱心に取り組む学生ほど，期末試験の点数が高いことが示された。②学部別，学年別に分けて分析した場合，いずれも試験の点数に差がないことが示された。したがって，③充実した大学生活は，学生の学習活動に対して良い影響がある，という仮説を支持した結果となっている。

ここでは③の結論「充実した大学生活は，学生の学習活動に対して良い影響がある。」を否定する仮定を立て，矛盾を導くことにします。

「サークル活動に熱心に取り組むと学習活動に悪い影響を与える」と仮定する。大学の調査によると，サークルに熱心に取り組む学生は，学部・学年に係わらず期末試験の点数が高いという結果が得られている。これは仮定と矛盾している。したがって，「充実した学生生活は，学生の学習活動に良い影響を与える」と言える。

　矛盾を導出する文章では，本来であれば大学の調査結果に基づいてサークル活動に積極的な学生の成績が良いことをデータに基づいて論証する必要があります。上の文章では，この部分は省略しています。データは背理法による論証を支える証拠になります。

2.3.3 帰納的論証
　帰納的論証は，いくつかの根拠から結論を推測します。そのため，結論

が常に正しいとは言えません。しかし，根拠に含まれない新しいことを導き出すことができます。帰納的論証として，ここでは，**枚挙法**，**アナロジー**を取り上げます。

（1）枚挙法（enumerative induction）　枚挙法は帰納的論証の代表的な方法で，狭義の帰納的論証はこの方法を指します。この方法は，個別の事例を証拠として，それを含むような一般的な結論を導きます。次のような例を考えてみます。

　　　「A町で熊が家畜を襲った」というニュースがあった後に「B市で熊が家畜を襲った」というニュースがあった。さらにC村でも熊が家畜を襲ったことがわかった。

　この例からA町，B市，C村の個別の事例があるので「熊は家畜を襲う」と結論付けたとします。この「熊は家畜を襲う」が一般的な結論になります。これを次のように表記します。

A町で熊が家畜を襲った。	根拠1
B市で熊が家畜を襲った。	根拠2
C村でも熊が家畜を襲った。	根拠3
したがって，熊は家畜を襲うだろう。	結論

　この結論は「熊が家畜を襲った」という個別事例の数が多いほど一般的な結論「熊は家畜を襲う」の信頼性は高まります。調べた個別事例（個体）の数を**サンプルサイズ**と呼びます。サンプルサイズが少なかったり偏っていたりすると，反論の立派な根拠になります。個別事例（サンプル）を限られた集団から集めると信頼性が損なわれるので，多様な集団からサンプルを集めなければなりません。ただし，多様な集団から数多くのサンプルを集めて一般的な結論を得たとしても，それは偶然によって得られた結論かも知れません。多様な集団からのサンプルに例外が多数存在すると，これは有効な反論になります。サンプルである個別事例がフェイク情報で

あれば議論の余地すらありません。このように帰納は演繹に比べて弱い論証と言えます。

（2）アナロジー（analogy）　これは類比による論証（argument by analogy）と呼ばれる論証形式です。この論証は，ある事柄と他の事柄の類似性に着目したものです。次の例文を見てみましょう。

> A大学とB大学は大都市に隣接する中規模都市に立地する同規模の私立　根拠1
> 大学である。学部構成は共に経済学部，経営学部，法学部の3学部で，
> 偏差値も大きな差はない。
>
> A大学はオンラインで願書を受け付けるようにした。その結果，多くの　根拠2
> 受験生を集めることができた。
>
> たぶん，B大学もオンラインで願書を受け付けると，多くの受験生を集　結論
> めることができるだろう。

A大学とB大学は立地，規模，学部構成がほとんど同じ私立大学です。A大学がオンラインで願書受付を行ったことで受験生を増やすことができました。B大学はA大学に類似しているので，同じようにオンラインで願書受付を行うと受験生が増えるだろうと推測しています。しかし，A大学とB大学が多くの点で類似しているからといってB大学も受験生を増やせるとは限りません。

例文をより一般的な書き方にすると，次のようになります。

> AとBは多くの点で類似している。　　　　　　　　　根拠1
> AはCという性質を持つ。　　　　　　　　　　　　　根拠2
> たぶん，BもCという性質を持つだろう。　　　　　　結論

　成功事例を見て成功者との類似点を何とか見出し，自分たちも同じようなことを行えば成功するのではないか，と勘違いする事例を目にすることは多々あります。しかし，成功者と自分たちは類似点があるとはいえ全く別物で，同じように行動したとしても成功するとは限りません。アナロジーは，このような問題点を抱えていますが，これまでにない新しい発見をすることがあるかもしれません。

2.3.4 アブダクションと仮説演繹法

本項では，**アブダクション**と，そこで導かれた仮説を検証する**仮説演繹法**を取り上げます。

（1）アブダクション（abduction） アブダクションは**最良の選択への推論**や**仮説形成**などと呼ばれています。これは，観察された事実をもっともよく説明する仮説Hを設定し，仮説H以外に事実を説明する他の仮説が存在しないことを示す論証形式です。別の言い方をすれば，観測された事実をもっともよく説明する仮説を選択する論証形式と言えます。

演繹的論証で教授が授業開始時間になっても教室に来ないという例文がありました。ここでは，教室に来ない理由（仮説）を考えてみましょう。授業の前に教授が出席していた会議が長引いた，あるいは出張に行き，まだ帰ってきていない可能性もあります。急に入院したのかもしれません。しかし，授業の前に教授が出席する会議は開かれていません。出張もなかったようです。入院したという連絡も大学にはないようです。以前，教授が教室に来なかったときには，授業を忘れていました。おそらく，今回も忘れている可能性があります。

このようにして，「授業開始時間になっても教室に来ない」という観測された事実をもっともよく説明する「授業を忘れている」を結論として導きました。これを論証形式で表記すると次のようになります。

教授は授業開始時間になっても教室に来ない。	根拠1
会議が長引いているという仮説は，事実をうまく説明できない。	根拠2
出張しているという仮説は，事実をうまく説明できない。	根拠3
入院しているという仮説は，事実をうまく説明できない。	根拠4
授業を忘れているという仮説は，事実をうまく説明できる。	根拠5
たぶん，教授は授業を忘れているのだろう。	結論

根拠1が観測された事実です。根拠2から根拠5までの四つの仮説を考えています。この論証では持ち合わせている情報（会議と出張はない，入

院はしていない，以前授業を忘れたことがある）から，「授業を忘れている」という仮説を他の仮説よりも観測された事実をよりよく説明していると判断し，「教授は授業を忘れている」を結論としています。アブダクションでは，すべての根拠が真であっても結論が真でない可能性があります。例えば，教授は昨日緊急入院し，大学に連絡できなかったかもしれません。結論は真にも偽にもなり得ますので，演繹的には妥当な論証ではありません。しかしながら，このような論証は日常生活の中で良く用いられており，大いに役立っています。アブダクションの論証形式を簡潔にすると次のようになります。

A という事実が観測されている。	根拠 1
仮説 H は A をよく説明できる。	根拠 2
仮説 H と同程度の説明ができる他の仮説は存在しない。	根拠 3
たぶん，仮説 H は正しい。	結論

　アブダクションは，最良の仮説を選択しますが，選択した仮説が最良であるかどうかの検証は行いません。倉田[37]によるとアブダクションは「仮説を形成し，複数の仮説をいくつかの基準に従って比較検討し，その中から最も良い仮説を選び出す」とまとめることができます。このことから，アブダクションは，仮説を検証する前段階と言え，この段階がなければ検証作業ができないことになります。

（2）仮説演繹法（hypothetico-deductive method）　仮説演繹法は，アブダクションや帰納的論証によって導かれた仮説から予測を行い，これを実験や調査によって検証して，仮説の信頼性を引き上げる論証です。例えば，アブダクションの例では仮説を「教授は授業を忘れている」としました。この仮説から，もし授業を忘れているなら，教授は研究室に在室しているかもしれません。そこで「教授は研究室にいる」と予測します。この予測を検証するために研究室を調査（研究室を訪ねる）した結果，教授

37）倉田剛（2022）論証の教室　入門編．新曜社, p.93.

は研究室にいました。この結果から，仮説「教授は授業を忘れている」の信頼性は飛躍的に高くなりましたが，他の可能性も考えられるので，仮説が真であるとは言えません。例えば，教授は，来客中や電話中だったのかもしれません。上記を論証形式で表記すると次のようになります。

教授は授業を忘れている。（仮説）	根拠1
教授は研究室にいるはずだ。（予測）	根拠2
研究室を訪ねたところ，教授は研究室にいた。（調査）	根拠3
たぶん，教授は授業を忘れていた。	結論

　仮説演繹法では，仮説から演繹的に予測を導きます。演繹的論証は，根拠が正しければ（真），結論も正しい（真）という論証です。根拠の中に結論が含まれているという特徴があります。仮説から予測を導く論証を次のように考えてみましょう。

教授は授業を忘れているのであれば，研究室にいる。	根拠1
教授は授業を忘れている。	根拠2
したがって，教授は研究室にいる。	結論

これは前件肯定ですので妥当な論証です。しかし，教授が研究室に在室している根拠が見当たりません。それは，次の根拠が省略されているからです。

教授が大学に来ていれば，研究室にいる。	根拠3

大学の教員は，大学に出勤すれば一般的に研究室に在室していることが多いので，わざわざ根拠として示す必要はないと考えられるからです。
　このように，仮説演繹法は，仮説から演繹的に予測を導き，その予測を実験や調査によって得られる事実により検証し，仮説の信頼性を高めていく方法です。アブダクションによって仮説を設定し，仮説演繹法を用いて仮説の信頼性を高めていくという方法は，科学的研究だけでなく企業経営や政策決定など，広く活用されています。

　序章において，学術的文章は，「根拠」のある「主張」と，「根拠」を裏付ける「証拠」が必要と述べました。学術的文章に限らず，ビジネス文書等でもこのような文章の書き方は有効です。根拠や証拠を提示する上で注意すべき点は，「事実」と「意見」を明確にすることです。「意見」は「主張」とほぼ同じ意味であり，根拠のない「意見」は単なる感想にすぎません。「事実」とは，誰もが確認できる客観的な「証拠」であり，「根拠」を裏付けるものです。

　「昨日は雪が降った。」は，新聞記事等で誰もが確認できる「事実」ですが，「明日は雪が降る。」は自分の推測であり，「意見」です。この「意見」は，雪が降る気象条件などの根拠を示し，それを裏付ける研究機関の観測データや予測結果などの証拠を示すことで，説得力のある強い主張になります。例えば，「現在，気温が低く低気圧も近づいているので（事実），明日は雪が降るだろう（意見）。」のようになります。「事実」と「意見」を書くときには，次の点を注意します。

　・「意見」を「事実」のように書いてはいけない
　「多くの学生が居眠りしていたので（事実），授業はつまらなかったのだろう（意見）。」は根拠に基づく主張ですが，「授業がつまらなかったので（意見），多くの学生は居眠りしていた（事実）。」では「授業がつまらない（意見）」ことが事実のように書かれています。

　・「意見」は，他人の考えではなく文章を書いている自分（私）の
　　考え
　文献に書いてある「他人の意見」は，「〇〇（他人）がこのような主張をしている」ことを文献（証拠）で確認できるので，「事実の記述」になります。

　・「事実の記述」は，正しい内容とは限らない

「地球は平面だ」という誤った内容が書いてある文献でも，誰もが証拠として確認できるので，これは「事実」の記述です。しかし，この事実の記述を根拠として「地球平面説は正しいと考えている。」と主張しても，まったく説得力はありません。誤った「事実」の記述は，根拠を裏付ける証拠にはならないので，信頼度の高い情報を収集し，検証することが必要となります。

　参考文献　木下是雄（1981）理科系の作文技術. 中公新書.

第3章
組み立てと分析

3.1
パラグラフ化する

　パラグラフとは，木下[38]によると「文章の一区切りで，内容的に連結されたいくつかの文から成り，全体として，ある一つの話題についてある一つのこと（考え）を言う（記述する，主張する）もの」です。つまり，パラグラフはある一つの話題に関する文の集まりであり，長い文章を区切っただけの段落とは根本的に異なります。

3.1.1　パラグラフ・ライティング

　パラグラフ・ライティングは，ひとつのテーマや話題について記述されたパラグラフを組み立てて，論理を展開し文章を構成する方法です。一つのパラグラフは，次の三つの部分で構成されます（図9）。

　①トピック・センテンス（中心文，主題文）：パラグラフの冒頭に置かれ，執筆者がもっとも伝えたい考え方や

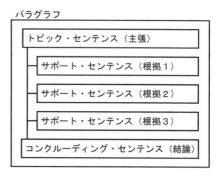

図9　パラグラフの構成

38）木下是雄（1994）レポートの組み立て方．筑摩書房，pp.180-181．

意見といった主張（主題）を記述するところです。ここで述べた主張は，パラグラフの中で首尾一貫している必要があります。話題が発散したり飛躍したりしないよう注意しなければなりません。

②**サポート・センテンス（支持文）**：トピック・センテンスで表明した主張を詳しく論じたり説明したりします。この部分は，主張を支持する根拠になるので，トピック・センテンスで記述したことを正しいと証明する文章になります。

③**コンクルーディング・センテンス（結論文）**：トピック・センテンスを別の表現で言い換えた結論を書きます。この部分は省略されることもあります。

前章の 2.3.4 項の例文をパラグラフ・ライティングの形式で記述してみましょう。

　　①教授が授業開始時間を 30 分過ぎても教室に来ていないのは，おそらく，授業があることを忘れているのだろう。②教授が授業に遅れる理由は，教授が出席する会議が長引いている，出張に行ってまだ帰ってきていない，急な病気で入院している，単に授業があることを忘れている，が考えられる。しかし，③教授が出席する会議は授業の前に開かれていないことがわかっている。④出張に行っていないこともわかっている。⑤大学の事務に入院しているという連絡はない。⑥教授は，以前，授業があることを忘れて休講にしたことがある。これらのことから，⑦教授は授業があることを忘れていると推測できる。

①の文章がトピック・センテンスで，授業があることを忘れていると推測しています。②は授業に遅れる理由を列挙しています。③，④，⑤では授業に遅れる理由を検討し，適切でない理由を消去しています。⑥は「教授は授業を忘れている」というトピック・センテンスを補強しています。⑦はトピック・センテンスの表現を変えたコンクルーディング・センテンスです。③，④，⑤，⑥は，結論であるコンクルーディング・センテンス

を支持する根拠になっています。

　Aを主張，Bを根拠とすると，パラグラフ・ライティングは「A，なぜならばB」という構造になります。一方，「B，したがってA」という構造の文章もよく見かけます。次の文章を見てみましょう。

　　　教授が授業開始時間を30分過ぎても教室に来ない理由は，教授が出席する会議が長引いている，出張に行ってまだ帰ってきていない，急な病気で入院している，単に授業があることを忘れている，が考えられる。しかし，教授が出席する会議は授業の前に開かれていないことがわかっている。出張に行っていないこともわかっている。大学の事務に入院しているという連絡はない。教授は，以前，授業があることを忘れて休講にしたことがある。これらのことから，教授は授業があることを忘れていると推測できる。

　初めに教授が教室に来ない理由が長々と述べられていて，何が言いたいのかは最後まで読まないと理解できません。読者は，教授が教室に来ない理由を何のために読まされているのかわからないモヤモヤした状態に置かれています。読者をモヤモヤさせないためにも，パラグラフ・ライティングが必要になります。

3.1.2　パラグラフとパラグラフのつながり

　読者はレポートの前から後ろへ順に読んでいくので，前後のパラグラフで論理の飛躍があったり，関連のない話題があったりすると，思考の整理が必要となり読むのが大変になります。そこで，パラグラフ間は，図10のようにトピック・センテンスを論理的に繋げて関係づける必要があります。

　パラグラフのサポート・センテンスは，トピック・センテンスの根拠を与えるだけで，他のパラグラフとは関係しません。パラグラフ間の関係は，トピック・センテンスの論理的な関係で成り立ちます。パラグラフ・ライティングの例として，前章のアブダクションと仮説演繹法の例文を三つの

パラグラフで記述してみました。各パラグラフの下線部はトピック・センテンスとなります。

　　①教授が授業開始時間を30分過ぎても教室に来ていないのは，おそらく，授業があることを忘れているのだろう。教授が授業に遅れる理由は，教授が出席する会議が長引いている，出張に行ってまだ帰ってきていない，急な病気で入院している，単に授業があることを忘れている，が考えられる。しかし，教授が出席する会議は授業の前に開かれていないことがわかっている。出張に行っていないこともわかっている。大学の事務に入院しているという連絡はない。教授は，以前，授業があることを忘れて休講にしたことがある。これらのことから，教授は授業があることを忘れていると推測できる。
　　②教授が授業を忘れているのであれば，教授は研究室に在室しているだろう。なぜなら，大学の教員には一人一人に研究室が割り当てられている。大学の教員は，大学に出勤すると自身の研究室に向かい，授業や会議の時間以外は研究室にほぼ在室している。ゆえに，教授も研究室に在室しているはずである。
　　③教授が研究室に在室しているかどうかは，研究室を訪れて確認すればよい。それは，教授が研究室に在室している理由を直接確認することができるからである。教授に直接確認することで，仮説「教授は授業があることを忘れている」の真偽を判断することができる。

①のパラグラフではアブダクションによって仮説を設定しています。②のパラグラフは設定された仮説から予測を演繹的に導いています。③のパラグラフは，②での予測を検証する方法を提案しており，その方法が実施されると仮説の真偽が明らかになるとしています。
　上記文章の各パラグラフのトピック・センテンスを抜き出して文章にすると次のようになります。

　　教授が授業開始時間を30分過ぎても教室に来ていないのは，おそ

らく，授業があることを忘れているのだろう。教授が授業を忘れているのであれば，教授は研究室に在室しているだろう。教授が研究室に在室しているかどうかは，研究室を訪れて確認すればよい。

このように，レポートがパラグラフ・ライティングで書かれていれば，各パラグラフのトピック・センテンスを読むだけで，そのレポートの内容を把握することができます。しかし，トピック・センテンスの前に前ふりになる文章

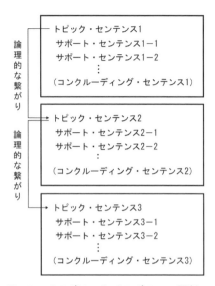

図10　パラグラフとパラグラフの関係

（フック文）が記述されることがあります。どの文章がトピック・センテンスになるのか慎重に見極める必要があります。

3.2
構成法を活用する

3.2.1　効果的な構成

　通常、レポートは「序論（Introduction）」，「本論（Body）」，「結論（Conclusion）」の三部構成（IBC）になります。「起承転結」の四部構成もよく知られた文章構成ですが，一般的にレポートでは使用しません。三部構成も四部構成も結論は最後にあります。このような構成を「尾括式」と言います。これとは反対に結論を最初に置く「頭括式」は，結論を示した後で根拠を示して結論が正しいことを論証する方式です。結論を最初と最後に置く方式を「双括式」と言い，序論で結論を予告し，本論で根拠を示しながら結論が正しいことを論証して最後に結論をまとめる方式です。レ

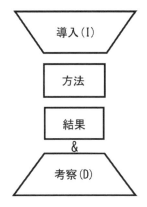

図11 IMRaD の構成

ポートでもよく使われています。

IMRaD (Introduction, Methods, Results and Discussion, イムラッド) という構成法は，導入（I：Introduction），方法（M：Methods），結果（R：Results），考察（D：Discussion）から成ります。学術論文－とくに理工系の学術論文で主流になっている構成法です[39]。図11はIMRaD の構成を説明するのに用いられている図です。図11の図形要素の幅は，取り扱う範囲の広さを表しています（3.2.3で詳述します）。

レポートの構成法はこのように種々ありますが，ここではレポートで多く使われている三部構成の双括式を採用することにします。

課題の分析やその結果得られた問いに対する答えを検討するために様々な資料を調査しますが，その調査結果を書き連ねるだけでは優れたレポートとは言えません。まず，レポートで読者グループにどのような情報を伝えたいのかを考え，情報をどのような順番で並べれば効果的かを考えます。強調したい情報をレポートへ反映させるために，最初はできる限り多くの小項目を挙げておき，後で統合・削除します。小項目は，レポートの各章や各節の要点をできるだけ細かく箇条書きにしたものです。小項目の列挙と整理をする際には KJ 法によって作成したカードを活用すると便利です[40]。

レポートのアウトラインは整理されて適切に並べられた小項目をもとに構想します。このアウトラインはレポートの目次として活用することができます。レポート執筆の準備段階では，内容の理解を助けるために効果的な図表も準備しておきましょう。

---

39) 例えば「ヒラリー・グラスマン - ディール 著，甲斐基文，小島正樹 訳（2011）理系研究者のためのアカデミックライティング．東京図書．」など。
40) 「1.4.2 整理の方法」を参照。

3.2.2 三部構成

三部構成のレポートは，序論，本論，結論から成ります。序論と結論は一つの章になりますが，本論はいくつかの章と節で構成されます（図12）。

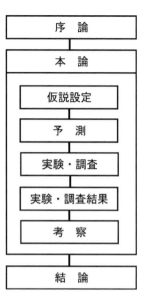

図12　三部構成

（1）序論　レポートの導入部であり，レポートで取り上げたテーマ（主題）の背景説明，レポートの目的，他の研究との違い，レポートの構成を記述します。双括式のレポートでは結論の概要も記述します。序論はレポートを構成する章の概要を予告するものであり，おおよその内容を把握できるようにします。ただし，序論に力を入れすぎて長くならないよう注意し，長くなるようであれば概略だけを記述して，詳細は本論で記述します。

卒業論文では，序論でリサーチ・クエスチョン（Research Question）を記述することがあります。例えば1.5節で課題を検討した結果，いくつかの問題点の中から「なぜ，男女間に賃金格差はあるのか」を検討対象にしました。これがリサーチ・クエスチョンに相当します。一般に，リサーチ・クエスチョンは問いかけの形で表現されます。リサーチ・クエスチョンの問いかけに対する回答として仮説を設定し，検証します。結論では仮説検証の結果がリサーチ・クエスチョンの回答になっているかを記載します。

（2）本論　本論は，複数の章で構成されます。これを前章で説明したアブダクションと仮説演繹法による構成を例にして説明します。

（a）仮説の設定と予測　与えられた課題やリサーチ・クエスチョンから仮説を設定します。これを行うためには，課題に関するこれまでのデータや資料，論文などを集めて検討します。設定した仮説は，課題やリサーチ・クエスチョンの回答になっている必要があります。前章2.3.4項で説明しましたように仮説から演繹的に予測を導きます。この予測は，仮説の真偽

を判断するための検証の対象になります。

（b）実験・調査 予測を検証するために，実験あるいは調査を行います。実験は結果の再現性が重要になります。レポートに書かれた方法に従うことで同じ結果が得られるような実験情報を十分に記述しておく必要があります。調査には調査票調査（アンケート），インタビュー，参与観察などがあります。これらは人を対象にした調査であるため理工系の実験と同じレベルの再現性を期待することはできませんが，調査対象，調査方法，実施手順などをできるだけ詳細に記述します。

（c）実験・調査結果 実験や調査を実施すると様々なデータを得ることができます。しかし，得られたデータのままでは仮説の真偽を判断することは困難です。予測を検証し仮説の真偽を判断する根拠として用いるためには，データを統計分析する必要があります。

（d）考察 分析結果に基づいて予測を検証します。検証結果から，仮説の真偽について判断します。分析結果はこの判断の根拠になり，データは証拠になります。考察の際，頻繁に結果を確認する必要があるときには，実験・調査結果と考察を分けずに一緒に記述することもあります。ただし，著者の主張と実験・調査結果は，明確に区別して記述する必要があります。

（3）結論 考察した内容を踏まえて，序論で示した背景説明，レポートの目的，結果に呼応してレポートのまとめを行います。結論では，仮説の真偽を明確に示します。

3.2.3　IMRaD に基づく構成

IMRaD に基づくレポートの構成は図 11 のようになります。

（a）導入：図 11 では，導入は上底が長く下底が短い台形で表されています。これは課題の全体像から対象とする部分へ収斂させていく過程を示しています。1.5 節で取り上げた演習例では，課題の全体像を示すために「男女間の賃金格差」とはどのようなことかをデータと資料を基に検討しました。その結果，四つの問題点を抽出し，その中から一つの問題点を選んでいます。このように IMRaD では，課題の全体像から部分へ収斂させていく過程を台形で表しています。

（b）方法：この部分は，次の「(c) 結果」「(d) 考察」とともに本論に相当します。「方法」では，課題に対して用いた方法や手法を記述します。実験レポートでは，実験方法，実験装置，実験手順などを，調査レポートでは，調査対象，標本抽出の方法，調査の方法などを記述します。また，実験結果や調査結果を統計分析するのであれば，その手法についても記述します。演習では「男女間の賃金格差」に関するデータや資料を収集し，それらを検討しました。このようなレポートの場合は，収集するデータや資料はどのようなものか（収集対象），データや資料をどのようにして収集するのか（収集方法），収集したデータや資料をどのようにして検討するのか（検討方法）などを記述します。

（c）結果：ここでは次の「(d) 考察」で議論するデータを記述します。このデータは可視化するために図や表の形式にまとめておきます。可視化されたデータは，次の考察で議論する際の根拠になりますので，レポートの課題に関して重要なものを過不足なく掲載しておく必要があります。

（d）考察：図11では，考察は「(a) 導入」とは逆に上底が短く下底が長い台形になっています。これは「導入」とは逆に部分から全体に広げていく過程を表しています。考察では「(c) 結果」で提示されたデータを解釈し，これを根拠に「(a) 導入」で取り上げた問題点を検討します。もし仮説が立てられていれば，その仮説が成り立つのかを検討します。もし仮説が成り立たないのであれば，その理由も考えます。「(c) 結果」で取り上げられていない新しいデータをここで提示してはいけません。考察で議論の対象になるのは「(c) 結果」で取り上げられたもののみです。

3.2.4　章内の構成

　章の内容を適切に分割して節を構成します。章の分割は，パラグラフ・ライティングと同様に一つのテーマや話題に基づいて行います。パラグラフ・ライティングと異なるところは，分割の基準になるテーマや話題がパラグラフ・ライティングよりもより包括的で抽象的になるということです。章を節に分割することで，章は複数の節で構成されます。章が分割されないで一つの節で構成される場合は，節を設ける必要はありません。節が複

数になる場合，最初の節は章の概要を記述することもあります。例えば，調査に関する章であれば第1節は「○.1　調査の概要」とし，第2節以降で調査の詳細 –「○.2　調査の方法」「○.3　調査の対象」などを記述します。あるいは，1節の前に章全体の概要を書くこともあります。

　章と同じく節も単線的な構成とし，複雑で入り組んだ構成は避けます。

3.3
読解と分析

3.3.1　読解力の特徴

　読解（reading comprehension）は日本国語大辞典では「文章を読んで，その意味を理解すること」と説明されています[41]。**読解力**（reading literacy）は，わが国での伝統的な定義では物語や説明文を正確にかつ詳細に読むことで，先の日本国語大辞典による読解の説明に近いものでした。これに対して **OECD**（Organisation for Economic Co-operation and Development：経済協力開発機構）が提起した **PISA**（Programmer for International Student Assessment）型読解力は，「自らの目標を達成し，自らの知識と可能性を発達させ，社会に参加するために，テキストを理解し，利用し，評価し，熟考し，これに取り組むこと」と定義されています[42]。PISA 型読解力には①情報を探し出す，②理解する，③評価し熟考するという能力領域が設定されています。

　文部科学省は，PISA 型読解力には以下のような特徴を有しているとしています[43]。

　①テキストに書かれた「情報の取り出し」だけではなく，「理解・評価」
　　（解釈・熟考）も含んでいること。

41）小学館国語辞典編集部 編（2006）日本国語大辞典．小学館
42）国立教育政策研究所（2019）OECD 生徒の学習到達度調査（PISA）～ 2018 年調査国際結果の要約～．
43）文部科学省（2006）読解力向上に関する指導資料 – PISA 調査（読解力）の結果分析と改善の方向．東洋館出版社．

②テキストを単に「読む」だけでなく，テキストを利用したり，テキストに基づいて自分の意見を論じたりするなどの「活用」も含んでいること。

③テキストの「内容」だけでなく，構造・形式や表現法も，評価すべき対象となること。

④テキストには，文学的文章や説明的文章などの「連続型テキスト」だけでなく，図，グラフ，表などの「非連続型テキスト」を含んでいること。

このように読解力は，物語や説明文を正確に詳細に読むだけでなく，文章や資料から情報を取り出すことに加えて，意味を理解して評価し，自らの意見を論じることができる能力であると言えます。

読解を行う上で重要になるのは，文章がどのように構成されているか──すなわち**文脈**を考えることです。この文脈を考えるのに役立つポイントは次のようです[44]。

いつ：いつ文章が書かれたのか。

なぜ：なぜ文章が書かれたのか。その動機は何か。

誰：誰が文章を書いたのか。著者のプロフィールはどのようなものか。

どこ：文章はどこの書籍に掲載されたのか。初版はどこで出されたのか。

対象：著者は誰に対して文章を書いているのか。

目的：著者はどのような目的を文章で表現しようとしているのか。

文章が書かれた時期（時代）を検討することで文章が書かれた時代背景を知ることができます。文章が書かれた動機は文章の冒頭で述べられていることが多いです。著者の職業や所属している組織・団体，思想などを明らかにすることで文章の傾向がわかります。文章が掲載された媒体（新聞，雑誌，ウェブサイト，学術論文誌，書籍など）によってその信頼性と妥当性を判断することができます。書籍の場合，初版よりも版を重ねた文章は情報量が増え，誤りも少なくなります。著者が想定している読者によって文章の内容や構成が変わることがあります。著者が文章によって何を訴えた

44）T.W. クルーシアス，C.E. チャンネル 著，杉野俊子，中西千春，河野哲也 訳（2004）大学で学ぶ議論の技法．慶應義塾大学出版会，p.17.

いのか，何を明らかにしたいのか，何を表現したいのかを検討することも重要です。

3.3.2　3回のリーディング[45)]

　議論あるいは文章の目的と方法を理解しようとするとき，基本となるのは議論や文章を批判的に読むことです。文章を批判的に読むことを**クリティカル・リーディング**（critical reading）と呼びます。具体的には，文章を読む際に①議論の主な主張は何か，②主張を支える主な根拠は何か，③根拠を支える証拠に裏付けがあるのか，④キーワードは何か，⑤アナロジー（類似性・類比）を使っているのか，⑥矛盾はないのか，⑦前提は妥当か，⑧反対意見を採り上げているか，などに注意して読みます。

　文章を読解するとき，クリティカル・リーディングの8つの注意点を意識して，同じ文章を少なくとも3回読みます。文章を読むとき，知らない用語や知っていても正確にはわからない用語をリストアップし，その意味を調べます。分野によっては同じ用語であっても異なる意味で用いられていることがありますので注意する必要があります。

（1）第1回のリーディング

　第1回目のリーディングでは，文章の最初と最後の段落を読み，著者の主張や文章の構成を把握します。論文やレポートの場合は「序論（はじめに）」と「結論（おわりに）」を読みます。そして，本論の各章について，見出しや段落の最初の数行に目を通します。パラグラフ・ライティングで書かれている文章であれば，段落の最初の行を読みます。最後に，文章全体を最初から最後までざっと読みます。

（2）第2回のリーディング

　2回目のリーディングでは，文章構成を理解するように，論点に注意して読み進めます。どのような比喩を使っているのか，長い文章であればいくつかの短い文書に置き換えできるか，著者の主張か他の人の主張なのか，用語は定義されているかなども考えて読みます。もし比喩や複雑な言い回

---

45) T.W. クルーシアス，C.E. チャンネル 著，杉野俊子，中西千春，河野哲也 訳（2004）大学で学ぶ議論の技法．慶應義塾大学出版会，pp.15-31.

し，暗示など，理解が難しい文章であれば，自分の言葉で言い換えてみます。適切に言い換えができれば文章の理解が深まります。

（3）第3回のリーディング

第3回目のリーディングでは，著者の主張にたとえ同意していたとしても反論あるいは質問を試みます。これは揚げ足取りや論破するために反論・質問するのではなく，文献をより深く理解するために行うものです。同意しない場合であっても主張の良い点や有効な根拠を受け入れるようにします。これらによって議論がより明瞭になります。

3.3.3　トゥールミンの論証モデル

トゥールミンの論証モデルは，主張や結論（C：Claim），データ（D：Data），論拠（W：Warrant），限定詞（Q：Qualifier），反論・反駁（R：Rebuttal），裏付け（B：Backing）の6つの要素で構成されており，各要素は図13のように関係づけられています。[46]

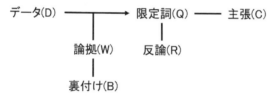

図13　トゥールミンの論証モデル
（スティーヴン・トゥールミン著，戸田山和久・福澤一吉訳（2011）「議論の技法」図2（p.150）を基に作成）

主張（C）は論証しようとしている事柄で，データ（D）は主張の基礎になる事実です。論拠（W）は，DであればなぜCと言えるのかという理由になります。そして裏付け（B）は，Wを支える理由の裏付けになります。トゥールミンは，Dは確定的であるがWは不確定的であるとして，Wの不確定性からくる例外や反論・反駁（R）を排除しCの範囲を制限する限定詞（Q）でCを修飾させる必要があるとしています。

トゥールミンの論証モデルは，文章を作成するだけではなく文章を読解

46）スティーヴン・トゥールミン 著，戸田山和久・福澤一吉 訳（2011）議論の技法 トゥールミンモデルの原点．東京図書出版．

するためにも活用することができます。論証モデルを活用する方法[47]は，「主張の分析」「主張を支持する**根拠の分析**」「根拠を支持する**証拠の分析**」からなります。場合によっては「**反論・反駁の分析**」が入ることがあります。これらはクリティカル・リーディングの①，②，③，⑧に相当します。

（1）主張の分析　「主張の分析」では，文章の主張を探すとともに，主張を限定し，その例外も見いだします。

(a) 主張（C）を探す：主張は議論の中心になる点，論点です。著者が主張している言明を探します。

(b) 主張を限定する修飾語（句）（Q）を探す：主張がどのように限定されているかを調べます。主張には例外はあり得ないとする絶対的な主張と，主張に例外がある可能性を認めている場合があります。主張に例外を認めている可能性がある場合，主張を限定するための修飾語（例えば「たぶん」「おそらく」など）が主張に伴います。

(c) 例外（R）を探す：主張に限定を加えるために著者が用いている例外を探します。「〜以外では」や「〜に限ると」，「原則〜とすると」などの表現は例外を認めています。著者がどのような例外を認め，限定の必要性をどのように考えているのかを検討します。

（2）根拠の分析　主張を探し出した後は，その主張を支える根拠を見つけだし評価します。

(a) 根拠（D，W）をリストアップする：著者がこの主張を述べているのは「なぜか」という視点から，主張を支持している文章を探します。文章が複数あればすべてリストアップします。一方，根拠が明確に書かれていない場合があります。そのような場合，著者の文章から根拠を抽出して文章化します。その際，自身の思い込みや著者が意図していない文章を書くのではなく，できるだけ著者の意図に沿った文章を書くようにします。また，主張と同様に根拠にも限定が加えられている場合がありますので，限定している語句にも注意します。

(b) 根拠を検証する：根拠を検証する際に次の2点を問います。

---

47) T.W. クルーシアス，C.E. チャンネル 著，杉野俊子，中西千春，河野哲也 訳（2004）大学で学ぶ議論の技法．慶應義塾大学出版会，pp.37-53.

①適切な根拠か：根拠が適切に主張を支持しているかを問い，その適切性を特定して受け入れるかどうかを検討します。

②根拠は主張に関連しているか：主張と根拠の関係が検証に耐えうるものかを問います。

上記のように根拠の適切性と関連性を検証します。根拠は適切であっても関連性に問題がある場合と，その逆の場合があります。検証は慎重に行う必要があります。

（3）証拠の分析　根拠の分析が終わると，根拠を裏付ける証拠を考察します。

(a) 証拠（B）をリストアップする：それぞれの根拠の裏付けとしてどのような証拠が挙げられているのかを探します。根拠を裏付ける証拠には法律などの規則，報告書（省庁が発表している白書や公的機関のレポートなど），統計データなどがあります。根拠が倫理的なものであれば証拠を必要としないこともあります。

(b) 証拠を調べる：証拠についても次の2点を問います。

①証拠は適切か：証拠は根拠の裏付けに十分なっているか，証拠として正確で信頼できるかを問います。

②証拠が根拠と関連しているか：根拠と証拠の関係が検証に耐えうるものかを問います。

ここでも証拠の適切性と関連性が問われています。

（4）反論・反駁の分析　著者が自らの主張に対して考えられる読者の反論を想定して，その反論に対する反駁（再反論）をどのように行っているかを検討します。ただし，著者が反駁を準備していないこともあるので，検討が難しいことがあります。

（5）分析の要約　(1) 〜 (4) の分析結果に基づいて著者の主張を要約します。その際，著者の主張に同意するかどうかは別にして客観的に評価するようにします。

このように文章の読解をトゥールミンの論証モデルに基づいて行いますが，文章によっては限定詞や例外が存在しない場合があり，証拠も示されていない場合もあります。

第4章
レポートの作成

4.1
型と仮説

4.1.1　理工学系と社会科学系の違い

　理工学系のレポートは**実験レポート**であることが多いようです。実験レポートは多くの場合，「実験目的」「実験方法」「実験結果」「考察」「結論」で構成されます[48]。「実験目的」は仮説を実験で検証するという実験の趣旨を書きます。「実験方法」はどのような方法で実験を行うかを書きます。重要なのは，第三者が同じ方法で実験を行ったときに，同じ結果が得られるように正確に書くことです。これを再現性と言い，再現性が保証された実験を行う必要があります。大学の授業で実験を行う場合，実験指導書（実験マニュアル）が準備されています。「実験目的」や「実験方法」は実験指導書に書かれているので，内容をよく理解したうえで自分の言葉で文章を書きます。この部分は，教員から「書き写すように」と指示されることもあります。「実験結果」「考察」は実験から得られた**実験データ（実験結果）**を載せ，それを論理的に分析してなぜそのような結果が得られたのかを考察します。実験データは，通常，表やグラフにまとめます。考察を行う際，実験データを論理的に分析するために何らかの理論を用いることがあります。このような場合，理論の出処（引用元）を明示します。実験データを論理的に考察することで「実験目的」で設定した仮説の真偽を検

48）「3.2.3　IMRaD に基づく構成」を参照。

証します。もし仮説が真（成立する）であればその理由を，偽（成立しない）であればなぜ成立しないかを考えます。いずれの場合も曲解やこじつけ，捏造はやってはいけません。「結論」は考察によって明らかになったこと，明らかにならなかったことを書きます。場合によっては「今後の課題」を書くことがあります。結論は曖昧な表現で書かずに，自信を持って明確に書きましょう。

　社会科学系のレポートには**社会調査レポート**が多いようです[49)]。社会調査レポートは先の実験レポートと同様に「調査の目的」「調査方法」「調査結果」「考察」「結論」で構成されます。実験レポートと異なるのは実験指導書がないことです。課題が与えられると，何を調べるのか，どのような方法で調べるのかなどを考えなければなりません。

　課題を解決するために仮説を設定し，その仮説を検証するために社会調査を行うということを「調査の目的」で書きます。「調査方法」には，どういう調査をどのように実施したかを記載します。調査のタイプには，調査票調査，調査票を用いない聞き取り調査，聞き取り調査がない調査（文献，映像資料，インターネット上のデータ等）があります[50)]。調査時期，調査の場所，調査対象者，調査の具体的手法など，調査内容とデータ収集の方法について，詳細に記載します。「調査結果」と「考察」では，社会調査によって得られたデータを統計的手法や内容分析，会話分析などの手法を用いて分析します。分析結果を論理的に考察して「調査の目的」で設定した仮説を検証します。実験レポートと同様に，もし仮説が真であればその理由を，偽であればなぜ成立しないかを考えます。「結論」も実験レポートと同様に書きます。

　理工学系と社会科学系の代表的なレポートの例を紹介しました。これ以外にも様々な形式のレポートがありますが，基本的には「目的」「方法」「結果」「考察」「結論」という構成になっています。これは「なぜそのような問題を取り上げたのかという経緯」，「問題はどのような方法によって解決するのか」，「解決した結果についてなぜそのようになるのか」，「どう

---

49) 社会調査については「第5章　データ整理の基礎（1）」を参照。
50) 社会調査協会編（2014）社会調査事典. 丸善出版, pp.64-69.

あるべきか，どうするべきかという結論」という流れに沿っていることが求められているからです。

4.1.2 「問いかけ」で分類する

　レポートの種類は，執筆までの準備と執筆方法の違いから，図書や文献を読んで内容を要約したり，実験結果や調査結果を報告したりする**調査・報告型レポート**と，課題に対して論点をまとめて自分の主張を述べる**主張・論証型レポート**に分けることができます。いずれのレポートでもテーマや課題が与えられていない場合と与えられている場合があります。

　卒業論文では自分でテーマを考えることも多いですが，授業のレポートではほとんどの場合テーマが決まっています。しかしテーマが決まっている場合でも，自分で問題を絞り込み書く内容を決めることもあります。

　このようなレポートでは，与えられたテーマ（課題）を分析し，レポートに求められているものは何か，何が問題になっているのかを考えます。そしてその答え（仮の答えでもよい）を考えます。求められているもの，あるいは問題になっているものとその答えを合わせて「**仮説 (hypothesis)**」と呼びます。レポートの目的は，この仮説が正しいかどうか，根拠となる資料を基に論証することです。与えられるレポートのテーマや課題が抽象的な場合，テーマや課題で求められているものは何か，どのようなことが問題になっているかを種々の資料を参考にして考えます[51]。考えていく中でテーマや課題をより具体的な問いに置き換えていきます。資料を参考にするときには，次のような問いかけを行います。

①真偽を問う：参考にしている資料に書かれている主張は「本当か？」と問いかけます。かつては真であったものも，その後の研究成果によって真でなくなった場合があります。

②定義・本質を問う：資料の中で概念や用語がどのように定義されているのか，どのように説明されているのかを問いかけます。同じ概念や用語であっても資料によって定義や説明が異なる場合がありますので，

---

51) 第1章の「子曰，学而不思則罔，思而不学則殆」を思い出してください。

注意しなければなりません。

③実態を問う：資料に誇大や矮小，意図的な言い換えなどが存在していないかを問いかけます。特に統計的資料は様々な見せ方ができますので，その解釈について問いかけることは重要です。

④原因を問う：現象や変化がなぜ生起したかを問いかけます。結果が同じように見えても原因が異なることがあります。

⑤主体を問う：資料にある主張は誰が行っているのかを問いかけます。主張している人物のプロフィールを知ることは，主張の背景を知ることにつながります。

⑥起点を問う：いつからそのような主張がされているのかを問いかけます。その主張がどのような変遷を経て今日のようになったのかを調べます。当初は主張の意図することが全く別のことだったかもしれません。

　問いかけることによってテーマや課題の問題点が整理され，何が問われているのかが明らかになります。問いが明らかになれば，資料を参考にして問いに対する答えを考えます。この問いと答えが仮説になります。もし，①～⑥までの問いかけで複数の問いがあったときは，その答えも複数存在するので，仮説も複数設定します。

　設定した仮説を検証するためには，問いかけのために集めた資料に加えて，検証用の資料も準備します。資料の手掛かりを得るためにインターネットで調べることも有効です。信頼できる情報源から二次情報を集めることができれば，その二次情報を足掛かりに一次情報を辿ります。そこで得た一次情報とそれを補足する二次情報を仮説検証のための資料として活用します。このような問いに対して準備した答えが正しいかを検証することを**仮説の検証**と言います。

4.2
演習●執筆を準備しよう

　「1.5　演習●問題を発見しよう」では「男女間賃金格差」に関する問題

```
┌─────────────────────┐  ┌─────────────────────┐
│    労働者派遣法      │  │  コース別雇用管理制度  │
├─────────────────────┤  ├─────────────────────┤
│ 派遣業種の拡大       │  │ コース別雇用管理制度と │
│ 令和4年に施工された労 │  │ は「総合職」「一般職」と │
│ 働者派遣法では，派遣を行 │  │ いったコースごとの雇用管 │
│ えない業務は港湾運送業 │  │ 理システムのこと。     │
│ 務，建設業務，警備業務 │  │ H26採用者：総合職　男性 │
│ のみである(同法第4条) │  │ 77.8%　女性22.2%      │
│                     │  │ 一般職　男性17.9%　女性 │
├─────────────────────┤  │ 82.1%               │
│    労働者派遣法      │  │ 調査時(H26)での総合職に │
├─────────────────────┤  │ 女性が占める割合は9.1%  │
│ 派遣労働，非正規雇用者 │  ├─────────────────────┤
│ 非正規雇用者は雇用調整 │  │ 平成26年度コース別雇用 │
│ 弁の役割がある       │  │ 管理制度の実施・指導状 │
│                     │  │ 況                  │
└─────────────────────┘  ├─────────────────────┤
                         │ 女性も総合職に就けるよう │
                         │ になった。しかし，総合職 │
                         │ に就いた女性はH26で     │
                         │ 22%程度である。         │
                         └─────────────────────┘
```

図14　カード作成例

について検討しました。そこでの検討を踏まえてレポート執筆の準備をすることにしましょう。1.5節では「男女間賃金格差」に関して四つの問題点を明らかにし，その中で「①なぜ男女間に賃金格差はあるのか」を取り上げることにしました。そして男女間賃金格差が生じる要因として，①女性のライフステージ，②職業分離，③労働時間の三つを推測しました。そこで，仮説を「男女間に賃金格差を生じさせる要因は，女性のライフステージ，職業分離，労働時間である」と設定します。まずは1.5節で収集した資料と新たに収集する資料を基にカードを作成して，KJ法によって情報を整理していきます。

　1.5節では「労働者派遣法」「厚生労働省（2015）平成26年度コース別雇用管理制度の実施・指導状況（確報版）を公表します」「厚生労働省（2021）令和3年版労働経済の分析」「内閣府（2001）家族とライフスタイルに関する研究会報告書」を資料として参照しました。図14は，「労働者派遣法」と「平成26年度コース別雇用管理制度の実施・指導状況（確報版）を公表します」のカード作成例です。カードのコメント欄にキーワードや小項目を入れています。このキーワード・小項目は，カードをグルー

表3 「男女間賃金格差」検索結果（一部）

No.	著者名	タイトル	雑誌名等	巻	号	発行年	ページ
1		労働者派遣法					
2	厚生労働省	平成26年度コース別雇用管理制度の実施・指導状況（確報版）を公表します	厚生労働省Press Release			2015	
3	厚生労働省	労働経済白書　令和3年版　労働経済の分析－新型コロナウイルス感染症が雇用・労働に及ぼした影響－	厚生労働省			2021	
4	家族とライフスタイルに関する研究会	家族とライフスタイルに関する研究会報告	内閣府			2001	
5	寺村絵里子	女性事務職の賃金と就業行動－男女雇用機会均衡法施行後の三時点比較－	人口学研究		48	2012	7－22
6	山口一男	男女の職業分離の要因と結果－女性活躍推進の今一つの大きな障害について	RIETI Discussion Paper	6-J-001		2016	1－42
7	内閣官房新しい資本主義実現本部事務局	賃金・人的資本に関するデータ集	内閣府			2021	
8	厚生労働省	パートタイム・有期雇用労働法のあらまし	厚生労働省			2022	
9	毎日新聞	社説　男女賃金格差開示　義務化を解消の契機に	毎日新聞社			2022	
10	松田光一	北海道の産業・就業構造の変化と雇用問題	現代社会学研究		10	1997	23－43
11	清水良平	就業構造の変貌（三）	農業綜合研究	25	4	1971	25－83

（注）No.1～4は1.5節で参照した資料。No.5以降は今回追加した資料。

プ化するときの指標の一つになります。「労働経済白書」と「家族とライフスタイルに関する研究会報告書」についても，同様のカードを作成します。

　次にCiNiiなどの文献データベースで「男女間賃金格差」を検索し，追加の情報（資料）を探します。この結果，1.5節で参照した四つの資料に加えて，20の資料が追加されました（表3）。これらの資料はすべて読まずに「要旨（アブストラクト）」「はじめに（緒論，緒言）」「おわりに（結論，結言）」の部分を読み，著者がどのような目的で何を明らかにしたいのか，どのような結果を得たのかを読み取るようにします。読み取ったことをカードの「要約・抜粋」欄に書き込み，感想や意見をキーワード・小項目とともに「コメント欄」に書き込みます。もちろん，ここに整理した資料はすべて必要になるわけではありませんので，適当に取捨選択します。

　表3の資料についてカードを作成した後は，グループ化を行います。表4は，各資料のキーワード・小項目の一覧です。表4の資料No.11は「男女間賃金格差」と関係性が低いので除外しました。グループ化の作業は，この演習ではキーワード・小項目を指標にして行います。キーワード・小項目を指標にしたグループ化が終わると，「要旨・抜粋」欄と「コメント」欄を読んでグループ化の修正を行います。グループ化が終わると各グルー

表 4 「男女間賃金格差」資料のキーワード・小項目」

No.	キーワード
1	派遣労働　非正規雇用
2	派遣労働　非正規雇用　雇用調整弁　総合職　一般職　コース別雇用管理制度
3	新型コロナウイルス　正規雇用者の増加　非正規雇用者（女性）の減少　非正規雇用から正規雇用への転換　不本意非正規雇用
4	新性別役割分担　所得税非課税限度額　就労調整　女性パートタイム労働者収入　就業所得逸失額　ライフステージ
5	女性事務職　人的資本　高学歴化　賃金低下　女性非正規雇用
6	男女の職業分離　男女賃金格差　統計的差別
7	労働分配率　勤続年数別賃金　女性の年齢別就業率・正規雇用率
8	パートタイム労働者　有期雇用労働者　不本意非正規雇用者　パートタイム・有期雇用労働法
9	非正規雇用　女性の比率が高い職種　男女間賃金格差の開示　女性の平均勤続年数
10	産業構造　就業構造　非正規雇用
11	~~男女別有業者　変動傾向~~
12	所定内給与額　賃金格差　統計的差別論　嗜好や偏見による差別論　差別仮説　男女間役割分担仮説　人的資本理論仮説
13	女性の社会進出　賃金格差が縮まらない　ライフサイクル　労働時間　就労パターン
14	男女間賃金格差を説明する理論・実証研究　男女間賃金格差の決定要因は不明
15	男女間賃金格差指数　人的資本の蓄積　非正規雇用の増加　非正規雇用者切り
16	統計的差別　結婚市場　マッチング　人的資本
17	男女間賃金格差　期待勤続年数　格差要因　差別要因　要素量要因
18	賃金の要因分解　人的資本　差別　属性
19	職務分離　産業分布　賃金プレミアム
20	統計的差別　平均勤続年数　コース制　雇用形態　雇用機会の不平等　短時間正社員　逆選択　ワークライフバランス　均等待遇
21	職階の差　勤続年数による差　雇用管理面における問題　女性に対する差別意識　コース別雇用管理制度　諸手当は男性所帯主を前提
22	M字カーブ　雇用格差　統計的差別　経済合理性　企業定着性の男女差　コース別雇用管理制度　雇用機会の均等
23	嗜好に基づく差別仮説　女性の過少雇用
24	女性のパートタイマ比率の上昇　男女間賃金格差　長時間労働プレミアム　人的資本　非代替性スコア

表 5　グループ化

No.	グループ名	カードNo.
1	職業分離	6　19
2	ライフステージ	4　13
3	非正規雇用	1　2　3　8　10
4	性差別	12　14　16　17　18　20　23
5	労働時間	5　9　24
6	労働分配	7
7	人的資本	15
8	雇用制度	21　22

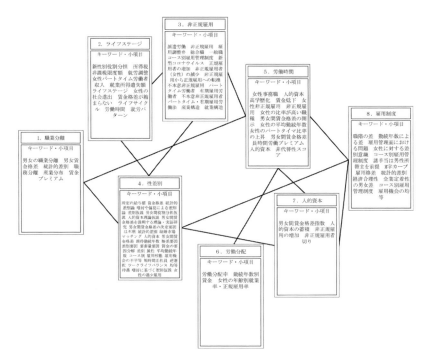

図15　グループの関連付け

プにタイトルをつけ，グループのタイトル・カードを作成します。

　表5は，表4を8グループにグループ化した例です。ここで「労働時間」は，女性の方が短時間勤務制度利用者などが多く，労働時間が短くなるという意味で用いていることに注意してください。

　つぎにグループ同士を関連付けていきます。この関連付けでもキーワード・小項目を指標として用います。同じキーワード・小項目を持つグループをとりあえず関連付けておき，後で「要旨・抜粋」欄と「コメント」欄を，場合によっては元の資料を確認して修正します。図15は表5の8グループを関連付けた例です。

4.3
演習◉アウトラインを構想しよう

　仮説を設定し，検証するための資料が整った段階でレポートの**アウトライン（構成）**を構想します。まず，レポートの読者へどのような情報を伝えるのかを検討します。時間をかけて調べたからといって，それらを全てレポートに書くのではなく，読者が必要としている情報を精査しなければなりません。次に，レポートの読者がテーマや課題に関してどのような知識を持っているのかを検討します。授業で提出するレポートの読者は教員であることが多いので，テーマや課題に関する知識は十分あります。したがって，字数が限られたレポートでは重要度の低い細かな説明は省略しても良いかもしれません。他方，それ以外の人達はテーマや課題に関する知識を十分に持っていない可能性があるので，丁寧な説明が必要になります。このようなことを前提にしてレポートのアウトラインを構想します。

　「4.2　演習◉執筆を準備しよう」では，「なぜ男女間に賃金格差はあるのか」に関する情報（資料）を収集し，KJ法によって整理しました。そして，図15のようにグループ間を関連付けました。ここでは仮説「男女間に賃金格差を生じさせる要因は，女性のライフステージ，職業分離，労働時間である」の検証を意識して，図15を基にアウトラインを作成していきます。

　図16は，1.5節で検討した「男女間賃金格差」の検討結果と4.2節で準備したカードをもとに作成した簡単なアウトラインです。タイトルは，取り上げた問題点を仮につけています。「1.」は1.5節で検討した「男女間賃金格差」の背景を取り上げ，「2.」「3.」「4.」は仮説で取り上げた「男女間賃金格差」の要因を並べています。このVer.1の簡単なアウトラインを，図15のグループの関連付けを参考にして膨らませていきます。

```
アウトラインVer.1
タイトル：なぜ男女間に賃金格差はあるのか（仮）
1．「男女間賃金格差」の背景
2．女性のライフステージ
3．職業分離
4．労働時間
```

図16　アウトライン Ver.1

「1.「男女間賃金格差」の背景」に関連するキーワード・小項目は，1.5
節の「(5) 時代背景を考える」と「(6) 問題の検討」での検討結果から抽
出します。「(5)」「(6)」に関連するキーワード・小項目には，次のような
ものがありました。

　　派遣労働／（男女間）賃金格差／総合職／一般職／コース別雇用管理
　　制度／非正規雇用者（労働者）／パート（タイム）／ライフステージ
　　／職業分離／労働時間など

　これらのキーワード・小項目を持つ資料のカードを参考にして，「1.
「男女間賃金格差」の背景」を充実させます。ここでは，1985 年に男女雇
用機会均等法が成立したことに着目して，成立以前と成立以後で女性の雇
用環境がどのように変化してきたかをまとめることにします。そこで，二
つの節に分け，法律の成立以前を「1.1　男女雇用機会均等法以前」，成立
以後を「1.2　男女雇用機会均等法以後」とします。1.5 節の検討結果と図
15 を考慮して，次のようにキーワード・小項目を分類します。

　　「1.1 節（以前）」：職業分離／労働時間／性別役割分担／賃金格差
　　「1.2 節（以後）」：コース別雇用管理制度（総合職，一般職）／非正規
　　雇用者／派遣労働／ライフステージ

　「2.　女性のライフステージ」は，表 5 のグループ 2「ライフステージ」，

グループ3「非正規雇用」，グループ4「性差別」という三つのグループで関連付けられています。複数のグループが関連付けられている場合には，各グループのキーワード・小項目（表4）を列挙した後に，分類していきます。

　・グループ2「ライフステージ」のキーワード・小項目
　新性別役割分担／所得非課税限度額／就労調整／女性パートタイム労働者収入／就業所得遺失額／ライフステージ／女性の社会進出／賃金格差が縮まらない／ライフサイクル／労働時間／就労パターン

　・グループ3「非正規雇用」とグループ4「性差別」のキーワード・小項目
　非正規雇用／コース別雇用管理制度（総合職，一般職）／統計的差別論／嗜好や偏見による差別論／差別仮説／男女間役割分担仮説／人的資本論仮説／（平均）勤続年数／雇用機会の不平等／均等待遇／女性の過少雇用など

　各グループから抽出したキーワード・小項目を，例えば次のように「性差別」「雇用・労働形態」「賃金」の三つに分類します。

　　「性差別」：新性別役割分担／女性の社会進出／統計的差別論／嗜好や偏見による差別論／差別仮説／男女間役割分担仮説／人的資本論仮説

　　「雇用・労働形態」：就労調整／労働時間／就労パターン／非正規雇用／コース別雇用管理制度（総合職，一般職）／雇用機会の不平等／均等待遇／女性の過少雇用

　　「賃金」：所得非課税限度額／女性パートタイム労働者収入／就業所得遺失額／ライフステージ／賃金格差が縮まらない／ライフサイクル

／（平均）勤続年数

「3. 職業分離」も，表5のグループ1「職業分離」，グループ4「性差別」，グループ5「労働時間」という複数のグループに関連しているので，「2. 女性のライフステージ」と同様に，複数のグループからキーワード・小項目を絞り込みます。ここでは，「職業分離の要因」と「職業分離の現況」に分類します。

「職業分離の要因」：職務分離／男女間役割分担仮説／人的資本理論仮説／嗜好に基づく差別仮説／男女の職業分離／統計的差別／人的資本／男女間賃金格差／賃金プレミアム

「職業分離の現況」：産業分布／（平均）期待勤続年数／コース制（雇用管理制度）／雇用形態／ワークライフバランス／均等待遇／女性の過少雇用／女性事務職／高学歴化／非正規雇用／女性の比率が高い職種／非代替性スコア

「4. 労働時間」は，表5のグループ5「労働時間」，グループ1「職業分離」，グループ3「非正規雇用」，グループ6「労働分配」，グループ7「人的資本」，グループ8「雇用制度」と関連付けられています。4.2節では「労働時間」は「女性の方が短時間勤務制度利用者などが多く，労働時間が短くなる」という意味で用いるとしました。これに注意して，「2. 女性のライフステージ」「3. 職業分離」のときと同様に，各グループから「労働時間」に関連するキーワード・小項目を絞り込みます。

「労働時間」：女性事務職／人的資本／高学歴化／女性の比率が高い職種／女性の平均勤続年数／男女の職業分離／統計的差別／勤続年数別賃金／女性の年齢別就業率・正規雇用率／人的資本の蓄積／職階の差／勤続年数による差／雇用管理面における問題／女性に対する差別意識／諸手当は男性所帯主を前提／M字カーブ／雇用格差／企業定

着性の男女差／雇用機会の均等

　このようにアウトラインを膨らませてきた結果，新しいアウトラインは
図 17 のようになりました。

```
タイトル：なぜ男女間に賃金格差はあるのか（仮）
1．「男女間賃金格差」の背景
1.1 男女雇用機会均等法以前
　　職業分離／労働時間／性別役割分担／賃金格差
1.2 男女雇用機会均等法以後
　　コース別雇用管理制度（総合職，一般職）／非正規雇用者／派遣労働／ライフステージ
2．女性のライフステージ
2.1 性差別
　　新性別役割分担／女性の社会進出／統計的差別論／嗜好や偏見による差別論／差別仮説／男
　　女間役割分担仮説／人的資本論仮説
2.2 雇用・労働形態
　　就労調整／労働時間／就業パターン／非正規雇用／コース別雇用管理制度（総合職，一般
　　職）／雇用機会の不平等／均等待遇／女性の過少雇用
2.3 賃金
　　所得非課税限度額／女性パートタイム労働者収入／就業所得遺失額／ライフステージ／賃金
　　格差が縮まらない／ライフサイクル／（平均）勤続年数
3．職業分離
3.1 職業分離の要因
　　職務分離／男女間役割分担仮説／人的資本理論仮説／嗜好に基づく差別仮説／男女の職業分
　　離／統計的差別／人的資本／男女間賃金格差／賃金プレミアム
3.2 職業分離の現況
　　産業分布／（平均）期待勤続年数／コース制（雇用管理制度）／雇用形態／ワークライフバ
　　ランス／均等待遇／女性の過少雇用／女性事務職／高学歴化／非正規雇用／女性の比率が高
　　い職種／非代替性スコア
4．労働時間
　　女性事務職／人的資本／高学歴化／女性の比率が高い職種／女性の平均勤続年数／男女の職
　　業分離／統計的差別／勤続年数別賃金／女性の年齢別就業率・正規雇用率／人的資本の蓄積
　　／職階の差／勤続年数による差／雇用管理面における問題／女性に対する差別意識／諸手当
　　は男性所帯主を前提／Ｍ字カーブ／雇用格差／企業定着性の男女差／雇用機会の均等
```

図 17　アウトライン Ver.2

4.4
演習◉構成を決定しよう

4.4.1　レポートの流れ

　前章でレポートは三部構成の双括式を採用することにしました。三部構
成ですのでレポートは「序論（Introduction）」「本論（Main article）」「結論
（Conclusion）」で構成され，双括式であることから「序論」にも結論が予
告として入ります。この三部構成に「表題（Title）」「要旨（Abstract）」

「目次（Contents）」「先行研究レビュー（Literature review）」「謝辞（Acknowledgments）」「後注（afternote）」「参考文献（References）」を加えてレポートの全体の構成とします（図18）。

（a）表題：内容を明確に表現するもので，簡潔なものが望まれます。一般的で単行本の内容となるようなものや，略号は避けます。場合によっては副題をつけることがあります。この場合，表題を簡潔なものにし副題を説明的なものにします。授業でレポートの課題が示されたとき，課題をそのままレポートの表題にすると，レポートの内容を正確に反映しないかもしれませんので注意が必要です。表題はレポートの表紙に書き，所属，学生番号，氏名，提出年月日も記載します。

（b）要旨：要旨では，レポートで取り上げた課題の背景，レポートの目的，課題を分析する際に採用した方法と結果，結論を簡潔に記述します。とくに結論とその根拠は明確にしなければなりません。要旨を読むことでレポートの全体像を把握できるようにします。

（c）目次：目次を作成することでレポート全体の構成が理解しやすくなります。目次は表紙または要旨の次におき，アウトラインを参考にして作成します。章に対して節と項を字下げすれば目次が見やすくなります。また，章・節・項の右端にはページ番号を付けます。

（d）序論：序論の表題は「序論」，「序言」，「緒言」，「緒論」，「はじめに」などとします。この部分の書き出しは，レポートに対する読者の態度を決定させるので，注意を払う必要

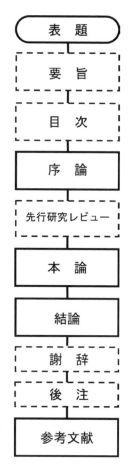

図18　レポートの構成

（注）点線部分は必須の項目ではありません。教員の指示があればそれに従います。

があります。序論の役割には次のようなものがあります。

①序論の中で，レポートの正確な主題を明らかにします。主題を読者に理解させるために，歴史的展望，用語の定義，付随的なデータなどを書きます。

②レポートが取り扱う範囲を示します。

③レポートの目的を述べます。似たような問題を扱っている他の研究との違いを明確にする役割があります。

④読者の期待する情報がどこにあるのかを分かるようにレポートの構成を示します。

⑤レポートの結論または勧告を簡単に述べておきます（もちろんレポートの終わりに改めて正確に書きます）。

(e) 先行研究レビュー：先行研究レビューは，これまでに発表された研究を概括するものです。授業で課されるレポートでは必要ないかもしれませんが，卒業論文では重要な部分です。先行研究レビューは，次のような目的で行います。

・レポートで取り上げるテーマがすでに解明しつくされているか。

・テーマについてどのような議論がされているのか。

・テーマの分野でまだ手が付けられていない部分（未解明の部分），言い換えれば隙間が存在するかどうか。

・テーマは発展性を持っているのか。

・テーマに関連して，どのような理論や実験方法，調査方法が用いられているのか。

(f) 本論：すでに作成したアウトラインと照合しながら作成したカードをもとに執筆をしていきます。その際，伝えるべき必要な情報を全て含んでいるか，重要なアイデアを適切に強調しているかなどに注意しながら執筆します。他方，必要なこと以外のことを書いていないかを同時にチェックします。本論に関係しない情報が書かれていると読者が混乱します。著者が書きたいことと読者が必要としていることは往々にして異なることがありますので気を付けましょう。

本論は論理的な展開を意識して書き進めていきます。とくに論理の飛躍

や非連続性を感じさせない書き方が求められます。そして，書いてあることが適正に結論を支持しているかをチェックします。読者の理解を助けるために図表を用いるときは，本文で引用した場所の近くに配置します。また，図表のデザインにも注意します。

（g）結論：序論で予告した結論を改めて正確に書きます。結論の表題は「結論」，「結言」，「おわりに」などとします。序論の表題を「序論」「緒論」とした場合の結論の表題は「結論」になり，「序言」「緒言」にした場合の結論は「結言」になります。「はじめに」の場合は「おわりに」になります。結論では本論で論理的に展開され支持された結果のみを書きますが，残された課題や将来展望もあわせて結論に書く場合があります。ただし，新たな図表を結論に入れることはありません。結論の役割には次のようなものがあります。

　①総括：本論の重要な情報を総括することによってアイデアが適正であることを強調します。しかし，本論に書いていないことをここで初めて出してはいけません。

　②結論：本論で出された証拠に基づいて到達した確信を書きます。結論を書くとき，証拠に基づかない見解や推論が含まれていないか，序論で読者に約束したことを果たしているかを確かめなければなりません。

　③勧告：得られた結論からどのような行動をとるべきかを説きすすめます。注意すべきことは②結論と同じです。

（h）謝辞：レポートを執筆する際に協力や助言を得た個人や団体に対して感謝の文章を記述して，謝意を表明します。謝辞は結論の一部ではないので，別に記載します。

（i）後注：「4.6.1項」を参照

（j）参考文献：（d）から（f）までに取り上げ参考にした文献や資料を記述します。レポートの最後にまとめて書きます。詳しくは4.5節で説明します。とくに注意しなければならないことは，本文中で引用していない文献や資料は書かないということです。

4.4.2　レポート構成の具体例

　「4.3　演習◉アウトラインを構想しよう」では，「男女間賃金格差」に関するレポートのアウトラインを図17「アウトライン Ver.2」のように作成しました。アウトライン Ver.2 を基にレポートの構成を考えてみます。タイトルは「なぜ男女間に賃金格差はあるのか（仮）」のままにしておき，レポートが完成したときに再度検討します。レポートは三部構成の双括式なので，アウトライン Ver.2 を本論とし，これに序論部「はじめに」と結論部「おわりに」，「参考文献」を追加します。「はじめに」では「男女間賃金格差」の概要を書きます。ここでは，歴史的背景や「男女間賃金格差」に関する問題の提起，用語の定義，得られた結論の概要，レポートの構成などを書きます。

　本論は「アウトライン Ver.2」が基礎になります。「はじめに」を追加したので，これを1章として，全体的に章番号を振りなおします。2章は「2.「男女間賃金格差」の背景と仮説設定」とします。「背景」の部分はアウトライン Ver.2 のままとし，新たに「仮説の設定」を 2.3 節として追加します。3章は「3.　仮説の検証」とし，仮説で取り上げた三つの要因をそれぞれ検証します。3章の構成は，アウトライン Ver.2 の「2.　女性のライフステージ」「3.　職業分離」「4.　労働時間」をそれぞれ3章の 3.1 節，3.2 節，3.3 節とします。

　そして新たに4章として「4.　考察」を入れます。この章では3章での検証結果に基づいて「4.2　演習◉執筆を準備しよう」で設定した仮説が成立するかを検討します。5章「5.　おわりに」で2章，3章，4章を総括し，得られた結論をまとめます。最後にレポートで引用した資料を「参考文献」でリストアップします。

　このようにして作成したレポートの構成が図19となります。

```
タイトル　なぜ男女間に賃金格差はあるのか（仮）
1．はじめに
　　男女間賃金格差の概要
　　レポートの構成
2．「男女間賃金格差」の背景と仮説設定
　2.1　男女雇用機会均等法以前
　2.2　男女雇用機会均等法以後
　2.3　仮説の設定
3．仮説の検証
　3.1　女性のライフステージ
　　3.1.1　性差別
　　3.1.2　雇用・労働形態
　　3.1.3　賃金
　3.2　職業分離
　　3.2.1　職業分離の要因
　　3.2.2　職業分離の現況
　3.3　労働時間
4．考察
　　3章で検証結果を基に仮説が成立するかどうかを検討
5．おわりに
　　得られた結論のまとめ
参考文献
　引用した資料のリスト
```

図 19　レポートの構成

4.5
参考資料の引用

4.5.1　引用と剽窃

　すでに公表されている図書や論文（以降，「参考資料」と呼ぶことにします）は先人たちの知的創造の成果で，人類すべてのものとして共有すべき知的財産です。レポートを執筆する際にこれらを参考にして引用することは，先人たちの知的創造に敬意を払うと同時に自らのレポートの新規性や

独創性（オリジナリティ），信頼性を明確にする役割があります。そのために参考にした参考資料はその出所を明確にしなければなりません。出所を明確にすることは，読者に対して情報を提供することにもなります。参考資料の引用について**著作権法**第32条（引用）と第48条（出所の明示）では，以下のように定めています。

> 第32条（引用）　公表された著作物は、引用して利用することができる。この場合において、その引用は、公正な慣行に合致するものであり、かつ、報道、批評、研究その他の引用の目的上正当な範囲で行われるものでなければならない。（以下略）
> 第48条（出所の明示）　次の各号に掲げる場合には、当該各号に規定する著作物の出所を、その複製又は利用の態様に応じ合理的と認められる方法及び程度により、明示しなければならない。（以下略）

　具体的には，次の条件を満たせば，著作権者の了解を得なくても，参考資料を引用することができます。[52]
①公表された著作物であること（第32条）
②公正な慣行に合致するものであること（第32条）
③引用の目的上正当な範囲で行われるものであること（第32条）
④著作物の出所を明示しなければならない（第48条）

　①は公表されていない論文やレポート，私信などは引用してはいけないということです。②の「公正な慣行」の一般的な定義はありませんが，引用する必然性があり，社会通念上妥当であるということです。かぎ括弧[53]をつけるなど，自分の著作物と引用部分とが区別されている必要があります。③は，引用する分量が必要最小限であり，自分の著作物と引用する著

---

52) 文化庁著作権課（2023）著作権テキスト‐令和5年度版‐．
https://www.bunka.go.jp/seisaku/chosakuken/seidokaisetsu/index.html
53) このかぎ括弧（「　」『　』）を引用符と呼びます。欧文の場合はクォーテーション（"　"）を用います。

作物との主従関係が明確であるということです。言うまでもなく，自分の著作物が主体となる必要があります。④は，著作物の出所が分かるように，参考資料に関する情報の明示を求めています。

　出所を明示することは，先人への敬意と新規性，独創性，信頼性を担保するとともに，読者が参考資料を探すことができるようにする役割もあります。読者が参考資料を確認できることは，レポートの信頼性につながります。また，出所を明示することで，自分の意見・考え方と他人の意見・考え方を明確に区別できるので，これまでに公表された著作物とは異なる新規性，独創性などを明確にできます。新規性や独創性のあるレポートは，高く評価されます。

　これに対して，参考資料の出所を明示することなく，その一部または全部を書き写すことや要約することは，**剽窃**や**盗用**と呼ばれ，著作権を侵害する犯罪行為につながります。文部科学省は不正行為へのガイドライン[54]を作成し，その中で研究活動における不正行為として「捏造，改ざん，盗用」を挙げています。ガイドラインでは，**捏造**は「存在しないデータ，研究成果等を作成すること」，**改ざん**は「研究資料・機器・過程を変更する操作を行い，データ，研究活動によって得られた結果等を真正でないものに加工すること」，**盗用**は「ほかの研究者のアイデア，分析・解析方法，データ，研究結果，論文又は用語を当該研究者の了解又は適切な表示なく流用すること」と定義しています。

　これらの不正行為は，大学教員や大学院生による論文執筆，研究活動だけではなく，大学生が行う実験，調査，レポートや卒業論文の執筆にも当てはまりますので，絶対に行ってはいけません。調査，分析，実験を実際にはやっていないにもかかわらず架空のデータを提示することや，得られた結果と異なるデータで表やグラフを作成することは，捏造や改ざんに該当します。友達や先輩のレポートを写すことや，ウェブサイトから「コピペ（コピー＆ペースト）」することは，盗用になります。友達と一緒に調査

54）文部科学省（2014）研究活動における不正行為への対応等に関するガイドライン　平成 26 年 8 月 26 日文部科学大臣決定. https://www.mext.go.jp/b_menu/houdou/26/08/1351568.htm

等を行った場合でも，教員からレポートは別々に提出するよう指示があれば，自分の言葉と文章で各自のレポートを作成します。仮に，友達から「コピペ」の了承を得てレポートへ流用したとしても，友達と同じ文章のレポートを提出することは剽窃に準ずる不正行為とみなされます。剽窃は，不正な手段で単位を取得しようとする行為なので，試験におけるカンニング行為と同じように扱う大学も多くあります。剽窃行為が確認された場合，授業単位の取り消しだけではなく，停学，留年になる可能性もありますので，絶対にやめましょう。

4.5.2　引用のマナー

　引用をするときの最低限度のルールとして，剽窃や盗用について説明しました。他にも次のような点に注意します。

（1）**参考資料に対して誹謗中傷をしない**　引用した参考資料に対する攻撃的な批判・否定，誹謗中傷はやってはいけません。「田島（2020）の分析は誤差が大きく，学術的な価値はない。」のように書くのであれば，仮に本当だとしても，引用する必要性はありません。

（2）**参考資料を吟味する**　レポートに必要と思って読んだ参考資料でも，考察したい内容とあまり関係はなかった，ということがあります。読んだものをすべて引用する必要はなく，真に必要なものを引用します。しかし，自分の主張に合う参考資料だけを選んで引用することも好ましくありません。自分の主張と対立する考えの参考資料でも，それに反証することで，自分の主張をより補強して考察の質を高めるものになります。

（3）**一つの参考資料に頼らない**　一つの参考資料だけを読んでレポートを書くと，その一人の著者の考えに影響される可能性があります。また，一つの参考資料を抜粋しただけのレポートになってしまう可能性もあります。レポートにおいて自分の考えを主張するためには，自分の考えとの相違に関わらず，関連する複数の文献を必ず読み進めます。

（4）**インターネットだけに頼らない**　インターネット上の情報だけを引用しているレポートをよく見ます。学会の論文誌でも，ウェブサイトやPDF 文書を引用文献として認めるところが多くなってきました。しかし，

授業のレポートに関する情報がウェブサイトのみにあることは稀なので，出版された参考資料も必ず探すようにします。インターネット上の情報が引用文献として推奨されない理由は，引用時の情報が修正されたり，消えたりする可能性があるからです。インターネット上の情報を使うときには，個人のサイトではなく，できるだけ公的機関や企業のウェブサイトを参照します。

（5）**孫引きしない**　孫引きとは，ある参考資料で引用されている文献を，引用元の原本にあたらず，自分のレポートへそのまま引用することです。すでに書籍が絶版であるなど，入手困難な場合を除いては，必ず原本を確認しましょう。やむを得ず孫引きするときには，その旨を明記します。

（6）**公表された参考資料を引用する**　著作権法では，未公表の著作物は著作権侵害となる恐れがあり，著作者の許諾を得ない限りは引用できません。未公表のものではなくても，非公開の卒業論文や部数限定の企業パンフレットなど，閲覧や入手が困難な参考資料は引用しないようにします。そもそも，レポートを読む教員が確認できない参考資料は，引用する意味がありません。

4.5.3　引用の方法

引用方法には**短文引用**，**ブロック引用**，**要約引用**があります。

- ・短文引用：引用が短い文章や文章の一部の場合は引用箇所を「　」や『　』で括る。
- ・ブロック引用：長い文章を引用する場合，改行して引用文全体の行頭を2文字下げにし，引用であることを明確にする。
- ・要約引用：引用する文章を著者の責任でまとめて書く。

短文引用とブロック引用を**直接引用**と呼び，引用元の文章を一字一句変えずに引用します。要約引用を**間接引用**と呼び，引用元の文章を要約する，あるいは解釈して自分の言葉で書きます。引用元の文章そのものに意味がある場合を除き，間接引用で引用文を書きます。また，引用は意図する・しないにかかわらず剽窃につながりやすいので，自分が書いた部分と引用した部分を明確に区別できるように，主従関係が明確になるように書きま

す。

　引用した参考資料は，参考文献としてレポートの末尾に参考文献リストの形で記載します。本文中の引用箇所と参考文献リストを関連付ける方法に，次の**バンクーバー方式**と**ハーバード方式**があります[55]。

・バンクーバー方式（引用順方式，番号順方式）：引用箇所直後に参考文献番号を引用順に上付き（参考文献番号）や［参考文献番号］で示し，文献リストは引用順に並べます。理工系論文に多く見られる方式です。

　引用例：　〜は奥田 [1] のようである。〜である [2]。〜である [3,4]。〜である [5][6]。

・ハーバード方式（著者名，発行年方式）：引用箇所直後に著者名と発表年を括弧で括って書きます。参考文献リストは，著者名の五十音順またはアルファベット順に並べ，同一著者の参考文献が並ぶ場合は発行年順に並べます。社会科学系論文に多く見られます。

　引用例：　〜は（穴沢，1998）のようである。　〜である（長澤，2003）。〜である（鈴木，2004a，2004b）。

　科学技術振興機構の「参考文献の役割と書き方」では，参考文献の記述要件として「参考文献を読者も閲覧できるように，十分に正確な文献情報（書誌要素）を示す」「参考文献の閲覧必要性を読者が判断できる情報を含む」を挙げています。前者は，参考文献の文献情報が不十分なため，引用元である原文にたどり着けないということがないように記述するということです。後者は，レポートの中で参考文献の位置づけや役割について，自らの言葉で参考文献からの引用を含めて記述するということです。
参考文献の情報である**書誌要素**には，次の4種類があります。
　①著者：著者名，編集者名等

55）科学技術振興機構（2011）参考文献の役割と書き方. 独立行政法人科学技術振興機構

②標題：書名，誌名，論文名等

③出版・物理的特徴：版表示[56]，出版者，出版年，巻・号・ページ，
　DOI等

④注記：媒体表示，入手方法，入手日付等

　参考文献を記述するとき，これらを①→②→③→④の順に記述します。
②にはウェブサイトの名称，ウェブページの題名，データベース名なども
含まれます。書誌要素の区切りは句読点を用います。一般的に，各書誌要
素のグループの終わりと，論文名と編集者名の後は「.（ピリオド）」，書誌
要素内及び書誌要素間の区切りには「,（コンマ）」を用います。雑誌の巻
数・号数の表示は，例えば「第39巻，5号」であれば "vol.39, no.5"，あ
るいは "39 (5)" のようにします。また，年号と月・月日が用いられてい
る場合，例えば「2022年1月号」であれば "2022.1" のようにします。ペー
ジ数の表記は「p.○○-○○」ですが，参考文献が複数ページにまたがる
場合は「pp.○○-○○」とし，1ページの場合のみ「p.○○」とするこ
とが多いようです。なお「○○p.」は総ページ数を示しています。DOI
（Digital Object Identifier）はデジタルオブジェクト識別子と呼ばれていま
す。この識別子の前に https//doi.org をつけるとURLに変換され，リン
クを張ることができます[57]。

　科学技術振興機構の「参考文献の役割と書き方」では参考文献の書き方
の事例を示しています。以下に代表的な事例を紹介します。

（1）雑誌の論文：著者名．論文名．誌名．出版年，巻数，号数，初めの
ページ-終わりのページ．

（a）和文誌

　単著の場合：穴沢真．マレーシア国民車プロジェクトと裾野産業の形成
－プロンプトン社によるベンダー育成－．アジア経済．1998, vol.39,
no.5, p.92-114.

---

56) 版表示は，2版，3版，増補版，2nd ed., 3rd ed. などで，初版は省略します。

57) 国立国会図書館．国立国会図書館におけるDOI付与．https://www.ndl.go.jp/jp/
dlib/cooperation/doi.html

共著の場合：依田高典，廣瀬弘毅，江頭進．ネットワーク外部性とシステム互換性：産業組織論に対するアプローチ．経済学論叢．1995，vol.156，no.5，p.17 - 37.

特集記事の場合：近藤公彦．特集，デジタル・マーケティング研究の動向：小売業におけるオムニチャネル・ダイナミック・ケイパビリティ．組織科学．2020，Vol.54，no.2，p.26 - 36.

　上記の特集記事の場合，特集表題と論文名の間に「：（コロン）」を入れます。

(b) 欧文誌

Katsundo Hitomi; Kazumasa Ohashi; Kazushige Okuda; Masaharu Ota; Kenji Yura; Hiroki Ishikura. A Proposal of Recycling-Oriented Industrial Systems. International Journal of Manufacturing Technology and Management. 2001, Vol.3, No.3, p.325-337, DOI: 10.1504/ IJMTM.2001.001414.

欧文誌に掲載された論文の場合，上の例にあるように著者が複数であれば著者名は「；（セミコロン）」で区切ります。著者が3人以上で第1著者（first author）以外を省略した場合は，"et al." [58] とします。またこの論文にはDOIが末尾につけられています。IJMTMは掲載雑誌の略称（頭文字）です。

(2) 単行本：著者名．書名．版表示，出版者，出版年，総ページ数，（シリーズ名，シリーズ番号），ISBN.

(a) 和書

近藤公彦，中見真也．オムニチャネルと顧客戦略の現在．千倉書房，2019，220p.，ISBN-10 4-8051-1181-X.

翻訳本の場合：ロバート K. ケイン，近藤公彦（訳）．新装版ケース・スタディの方法．第2版．千倉書房，2011，250p.，ISBN-10 4-8051-0977-7.

(b) 洋書

58）ラテン語 "et alii" の略で，「他，など」を意味しています。共著者が3人以上の場合に用います。和文誌の場合は「他」とします。

Mintzberg,Henry. The rise and fall of strategic planning. Prentice Hall, 1994, 458p., ISBN-10 0-1378-1824-6.

ISBN は International Standard Book Number の略称（頭文字）で国際標準図書番号と呼ばれています。これは図書の識別用に設けられた国際規格コードで，省略することもできます。ISBN には 10 桁の ISBN-10 と 13 桁の ISBN-13 があります。上の例では ISBN-10 を表記しています。

（3）ウェブサイトにある参考文献：著者名．"ウェブページの題名"．ウェブサイトの名称．更新日付．入手先，（入手日付）．
文化庁．"（注5）引用における注意事項"．著作物が自由に使える場合．
https://www.bunka.go.jp/seisaku/chosakuken/seidokaisetsu/gaiyo/chosakubutsu_jiyu.html.（参照 2022-03-05）．

　文化庁のウェブサイトでは，該当するページに更新日付が表示されていなかったので，更新日付は省略しています[59]。このページを参照した日付は 2022 年 3 月 5 日でしたので入手日付として記載しています。

　上記（1）～（3）で示した参考文献の書き方は SIST 02 で示された基準です。この基準は科学技術振興機構が，**国際標準機構（ISO）**の**国際標準規格**をもとに定めた**科学技術情報流通技術基準（SIST）**の一つです。主に理系分野ではこれに準拠した書き方が多いようです。人文科学，社会科学分野では，**APA（The American Psychological Association）スタイル**，**MLA（Modern Language Association）スタイル**，**シカゴスタイル**といったものに準拠していることが多いようです。ただし，参考文献の書き方は，大学や学会・協会などの学術団体で独自の基準を設けているところが多くあり，レポートを書くときの統一した書き方はありません。教員からの指示があればそれに従いましょう。

59）日付が不明の場合，"n.d."（no date）と書くこともあります。

4.6
体裁の工夫

4.6.1 書式

　レポート用紙はA4サイズ，縦置きで，文章は左横書きが基本です。見出しはレポートの構成に従って章，節，項を付け，「第3章○○」「3.1節　△△」や「3.○○」「3.1　△△」などとすることがあります。教員からの指示があればそれに従います。章，節，項の見出し番号は連番で基本的には左寄せにし，項より下の小見出しは，必要であれば「(1)」「(2)」や「①」「②」，「a.」「b.」などとします。見出しのフォントを章，節，項ごとに大きさを変える，**書体**（明朝体，ゴシック体など）を変える，太字にするなどとすれば見やすくなります。また，章，節，項はできるだけ1行にします。小見出しは改行せずに小見出しの後に2文字分の空白を置いて文章を続ければ見やすくなります。

　文章の**文体**は**口語体**とし，特に英文やカタカナ書きを必要とする部分以外は，現代仮名遣いによる**漢字平仮名交じり文**とします。口語体は話し言葉に基づく現代の一般的な文章の様式ですが，口頭で話す言葉とは完全に一緒ではありません。口語体は，**常体**（**である体**，**だ体**）と**敬体**（ですます体，でございます体，であります体）とに分けられ[60]，レポートでは「である体」を使用します。

　外国語の固有名詞は原語またはカタカナ書きとしますが，よく知られたものはカタカナ書きとします。数字は半角にし，大きな数字は三桁ごとにコンマで区切ります。ただし，西暦はコンマで区切りません。年度や暦年の表示は「昨年度」や「今年」のようにすると，後日読者がレポートを読んだときにいつのことかわからなくなりますので，「2020年度」や「2020年」のように明確にします。

　レポートで用いる句読点は「、（テン）」「。（マル）」「，（コンマ）」「．（ピ

---

60) 北原保雄 編著（2010）明鏡国語辞典．第2版，大修館書店．
　　なお，口語体以外には文語体があり，擬古文体，漢文体，和漢混淆文体，候文体などの様式があります。

リオド）」で，「、。」「，。」「，．」の組み合わせが用いられています。国の公文書は「、。」が用いられますが，横書きでは「，。」でもよいとしています。「，．」[61]は理工系のレポートで使うことが多いようです。1 ページに入れる行数や 1 行の文字数，上下左右の空白は，指定されたものがあればそれに従います。

　本文での非連続性を読者に感じさせないための補足説明や出所，解説などを**注**あるいは**注釈**などと言います。本文の下部に書く注を「**脚注**」と呼び，レポートの最後に書く注を「**後注**」または「**文末脚注**」と呼びます。注の文章が長くない場合は本文下部に書く脚注にします。補足説明や解説が長い場合は後注にしてレポートの最後（結論の後）にまとめて書きます。また，文章の途中に入れる注を「割り脚注（割り注）」と呼び，注を付ける文字の直後に（　）などで括って挿入します。

4.6.2　読みやすくするために

　レポートを読者によく理解してもらうためには，複雑にねじれた文章ではなく，単純な平叙文を心がけます。そして，必要な点だけに切りつめた表現で書き，長い修飾句や修飾節，漠然とした不明確な表現は避けます。文の長さは 60 字を越えない程度を目安とします。段落を適当につけます。段落の長さは 200 字〜 400 字程度にします。文末には「。（マル）」「．（ピリオド）」を付け，意味を明確にするために，語句の区切れにはコンマ「，（コンマ）」または「、（テン）」を置きます。同格の単語を並べるときや，判読しやすくするときには「・（なかてん）」を用います。

　文中で何が主語なのかを常に意識して**主語述語構造**を分かりやすく書きます。動詞を主語の近くに置くことで，分かりやすい文章になります。主語が一貫していない，主語が複数あるような文は絶対にやめましょう。また，違った意味に受け取られる，幾通りにも解釈されるようなまぎらわしい表現は避けます[62]。次の文章は，ねじれ文と呼ばれるもので，主語と述

61）文化庁文化審議会（2022）公用文作成の考え方（建議）．https://www.bunka.go.jp/
　　seisaku/bunkashingikai/kokugo/hokoku/93650001_01.html
62）**一文一義**といい，一つの文は一つの意味だけを書くということです。

語が対応していません。

　　　調査の<u>目的は</u>，新製品の市場規模を<u>明らかにしたい</u>。

この文章は，次のようにすると主語と述語が対応します。

　　　調査の<u>目的は</u>，新製品の市場規模を<u>明らかにすることである</u>。

　受動態と能動態の文章を混用しないようにします。受動態の文章は重苦
しく受け取られますので，できるだけ能動態にするほうが文章はすっきり
します。一般的な意見・考え方は「〜言われている」「〜と述べられてい
る」のように受動態で書きます。自分の意見を書く場合も受動態の文（**自
発文**）で書く場合があります（ただし，印象が弱くなります）。次の文章は
能動と受動を混用したねじれ文の例です。

　　　この<u>話題は</u>よく新聞で<u>取り上げている</u>。

この文章は，次のような受動態にするとねじれは解消されます。

　　　この<u>話題は</u>よく新聞で<u>取り上げられている</u>。

　次の文章は二通りの解釈ができる文章です。

　　　先生は泣きながら話す太郎君の顔を見ていた。

この文章では，「先生は，泣きながら話す太郎君の顔を見ていた。」とすれ
ば，泣いていたのは太郎君です。「先生は泣きながら，話す太郎君の顔を
見ていた。」であれば，泣いていたのは先生です。このように読点をどこ
に置くかによって解釈が異なります。このような文章を**多義文**と呼びま

す。多義文は修飾語（句）が続く文章に見られます。分かりやすい文章にするためには，修飾語と被修飾語をできるだけ近くに置く必要があります。修飾語に対して被修飾語となり得る語句が複数続くような文章は，読み手を混乱させるだけです。被修飾語をできるだけ少なくするなどの工夫が必要になります。

　読みやすい文章を書くためには次のようなことに注意します。

（1）長い文章の処理　文章が長くなると，気づかないうちに主語と述語が対応しなくなったり，主語が複数になったりします。主語と述語が対応していても，主語と述語の間に多くの文章が詰め込まれると，読者は何を言いたいのかわからなくなってしまいます。次の文章は一つの文が長く，主語が二つある例文です。

　　医療・介護福祉事業の経営状況は，コロナ感染症の影響を受ける前から，診療報酬の大幅な増額が見込めない中で，医師・看護師・介護福祉士等の人材確保や施設・設備維持にも大きなコスト負担がのしかかることで，収益状況は厳しくなる傾向にある。

　この文章では主語として「経営状況」と「収益状況」の二つがあります。前者が主語であれば，「～経営状況は，～収益が厳しくなる傾向にある。」，あるいは「～経営状況は，～収益が厳しくなる傾向にある。」とします。後者が主語であれば「医療・介護福祉事業の経営状況は，コロナ感染症の影響を受ける前から，～医療・介護福祉事業の収益状況は厳しくなる傾向にある。」とします。
　長い文章を書かないためには，次のことに留意します。

---

63) 「木下是雄（1994）レポートの組み立て方．筑摩書房」では 8 通りの解釈ができる「黒い目のきれいな女の子（がいた）」を紹介しています。
64) 二重線は，線が置かれている文章を削除することを意味しています。この線を「**二重取り消し線**」と呼びます。

・主語と述語が対応している短い文を書きます。同じ主語が繰り返し出てきてくどく感じる場合は，主語を省略しても良いですが，常に何が主語であるかを意識して文を書きます。
・常に文頭（主部）と文尾（述部）を確認します。
・主語と述語の間に多くの文を詰め込んでしまった場合は，内容を整理して短い複数の文に分割できないかを検討します。

　日本語の文章は英文のように関係代名詞がないので，名詞の前に修飾の連文節が長々と続くと，文章が分かりにくくなります。次の文章を見てみましょう。

　　これまでにない斬新で新しい方法が提案された。

　主語は「方法」で述語は「提案された」です。主語の「方法」の前に「これまでにない」「斬新な」「新しい」が続いています。これは

　　新しい方法が提案された。それは斬新なもので，これまでにない方法であった。

のようにします。

(2)「〜が〜が〜が」への対応　「が」には主語になる名詞につく助詞の「が」と逆接の「が」があります。長い文章に原因になるのは後者の逆接の「が」です。このことに注意して文章を二つないし三つの文章に分け，「が」の代わりに「しかし」などの逆接の接続詞に置き換えます。

　　「あの先生の授業はかなり難しく理解するためには相当の予習が必要であるが，話す内容はとても面白く講義室は毎週多くの学生で賑わっている。」
　→「あの先生の授業は・・予習が必要である。<u>しかし</u>，話す内容は・・・賑わっている。」

短い文章でも「が」が続くとくどくなりますので，他の適切な字句に置き換えます。次の文章では，短い文章の中に「が」が三つ使われています。

　　「関税で国内農業を保護するよりも関税<u>が</u>ない自由貿易の方<u>が</u>余剰<u>が</u>大きくなる。」

　→「関税で国内農業を保護するよりも関税<u>を課さない</u>自由貿易の方が余剰<u>は</u>大きくなる。」

　また，話し言葉で多用される順接の「が」は，（主語述語の関係や文章の説明が曖昧になるので）レポートでは使わないようにしましょう。

　　「遠隔教育に関する先行研究を図書館で探した<u>が</u>，英語と日本語の論文を2本ずつ見つけることができた。」

　→「遠隔教育・・で探した<u>結果</u>，英語の論文と・・・見つけることができた。」

（3）二重否定はなるべく避ける　二重否定は文章を複雑にし，また曖昧にするのでなるべく避けます。

　　実現でき<u>ない</u>ことは<u>ない</u>。

実現できるのでしょうか，できないのでしょうか。

（4）形容詞と動詞の連用形　形容詞や動詞を並列に置くとき**連用形**を用います。動詞を並列に置き連用形を使って順序動作を，あるいは原因－結果の因果関係を示すことができます。

　　手紙を読み，返事を書いた。（動作順序）
　　馬が音に驚いて走り出した。（因果関係）

連用形も使いすぎると文章が長くなるので，注意します。

（5）テニオハに注意　「テニオハ」（助詞）は使い方によって意味が多岐にわたる場合があります。このような場合，適当な書き換えをします。例えば，「に」，「で」などは，内容に応じて「によって」「に対して」「において」「であるから」「の形で」などに書き換えます。

　　「この内容を質問します。」
　→「この内容について質問します。」「この内容に関して質問します。」

　　「教授は学生にすぐに図書館に行って原稿をコピーするよう指示した。」
　→「教授は学生に対して，すぐに図書館へ行き原稿をコピーするよう指示した。」

　　「北海道の学力テストの，成績結果の平均値の計算を行った。」
　→「北海道における学力テストの成績結果について，平均値を計算した。」

（6）である体
　レポートは「である」体で書くように，と学生へ指示すると，次の例文のように全ての語尾が「…である。」になっていることがあります。非常に読みにくいので，適宜，語尾を変化させるか，表現を変えます。

　　「遠隔教育は昔から存在するのである。どこでも学習ができるのである。さらに学費も安いのである。」
　→「遠隔教育は昔から存在している。どこでも学習可能である。さらに学費も安い。」

（7）指示関係

指示関係には，指示代名詞で名詞の上についてその名詞を指し示す「この」「その」，事物・場所・方角を指すものの総称である「それ」「これ」「あれ」「ここ」「そこ」「あそこ」「こちら」「そちら」などがあります。次の文章を見てみましょう。

> 札幌市にある豊平川は，小漁山から豊平峡ダムを経て，①その市街地の中心を流れている。②ここには，豊平川によって形成された扇状地が広がっている。現在，③この上には多くの企業や行政機関が立地し，北海道経済の重要地域となっている。③そこで働く人々の中には，道外出身者も多くいる。

①の「その」は札幌市，②の「ここ」は札幌市の市街地，③の「この」は札幌市の市街地に形成された扇状地，④の「そこ」は北海道経済の重要地域を指しています。意味としては通じますが，レポートでは読者が意味を誤解することもありますので，できるだけ指示関係を少なくすることが望ましいでしょう。

（8）その他
①主語を表す「は」と「が」の使い分け

「は」の場合

a　主語が読んでいる人にも特定できる情報で，述語に読む人に知ってもらいたい情報があるとき。

b　述語が疑問表現であるとき。（問題提起の文など）

c　主語が他のものと対比されているとき。

「が」の場合

a　他の文の中に含まれたとき。

b　文全体が新しい情報を提供しているとき。（背景説明の文など）

c　主語が疑問表現であるとき。

d　主語が読む人に知ってもらいたい重要な情報であるとき。

② 「～た」と「～ている」の使い分け

  a   過去の歴史を記述するときには基本的に「～た」を用います。

  b   実験の結果は「～た」を用います（「～る」も可能）。

  c   誰かが言ったことや書いたことを報告する場合には「～ている」を用います。

  d   現在の状況と連続している場合には「～ている」を用います。

─ コラム❖「考えられる」問題 ─

  学生のレポートを見ると，「……が原因だと考えられる（思われる）」のように，結構な頻度で「考えられる」を見かけます。研究者が書く論文でも珍しくはありませんが，「考えられる」は日本語特有の曖昧な表現なので，特に理工学系の論文では推奨されていません。一方で，学会誌の査読者から，「この部分は『である』のように断定する表現ではなく，『……と考えられる』へ訂正してください。」と指摘されることもあり，分野によって対応が異なる場合もあります。

  「られる」は助動詞であり，受け身，可能，自発（自然と起こる），尊敬の4つの意味があります。「……と考えられる」は，可能と自発の区別が特に分かりにくい表現です。例えば，(1) 多くの人は（当然）そのような考えになる，(2) 執筆者がそう考えている，(3) レポートを読んでいる人がそのように考えることができる，などいろいろな意味を含みます。「（執筆者はそう思わないけれども）自然にそういう考えになるのではないか」，とも受け取れます。

  自分の意見をレポートで述べるときには，「（私は）これが原因だと考えている」のように，自分の考えだ，ということが分かるように記述します。他人の意見を書くときには，「（誰々は）これが原因だと主張している」のように，自分の意見ではないことが分かるようにします。曖昧な表現は使わないようにしましょう。

  参考 　北原保雄 編著 （2010）明鏡国語辞典. 第2版, 大修館書店.

第Ⅱ部
スキル編

第5章
データ整理の基礎（1）

5.1
調査の手法

5.1.1　実査の種類

　レポートや卒業論文を書くときには，国や自治体，企業，大学などが実施した**社会調査**のデータを利用したり，自らアンケート，インタビューを行ったりしてデータを集めることがあります。社会調査とは，「社会または社会集団における社会事象の特徴を記述（および説明）するために，主として現地調査によってデータを直接収集し，処理・分析する過程」のことです[65]。単に，アンケートやインタビューを人（**調査対象者**）に対して行うことだけが社会調査ではありません。

　社会調査は，収集するデータの性質から，量的調査と質的調査に分類できます。**量的調査**は，調査データの統計処理を前提として，**調査票調査（質問紙調査）**から主に**量的データ（量的変数）**の収集を行う調査です。**質的調査**は，聞き取り調査や観察，ドキュメント分析，会話分析など，主に**質的データ（質的変数）**の収集を行う調査です。質的調査の手法は非常に多様であり，量的調査以外のすべての調査を含んでいるとも言えます。調査を実際に行うことを**実査**といいます。量的調査の具体的な手法には，次のようなものがあります[66]。

　（1）**個別面接調査法**　調査員が調査対象者を訪問し，調査票に基づいて

65）原純輔，浅川達人（2009）社会調査．放送大学教育振興会，p.13
66）北川由紀彦，山口恵子（2019）社会調査の基礎．放送大学教育振興会．

質問した回答を調査員が調査票へ記入する方法です。調査員が記入する方式を**他記式**といいます。面接調査は，質問の意図を調査対象者へ十分に伝えることができ，回答の記録ミスを防ぐことができます。しかし，調査員の質によって回答に偏り（**バイアス**）が生じる可能性もあります。

（2）**留め置き調査法**　調査員が調査対象者を訪問し，調査票を預けて調査する方法です。回答は調査対象者が自ら調査票を読んで記入する**自記式**で行います。後日，調査員が再び訪問して調査票を回収します。面接調査よりも世帯収入，病歴といった個人情報を調査しやすいですが，調査対象者自身が回答しない「なりすまし」の懸念もあります。

（3）**郵送調査法**　調査対象者へ調査票を郵送し，調査対象者本人が自記式で回答後，郵送で調査票を返送する方法です。調査費用は安くすみますが，なりすまし，回答ミス，回答忘れなどの回答の質の低さや，期日までに返送しない，返送し忘れるといった回収率の低さがデメリットとしてあります。

（4）**集合調査法**　調査対象者を会議室などへ集めて，自記式で回答してもらう方法です。回収率は高いですが，調査対象者が「指定した日時，場所に集まることができる人」に限定されてしまいます。

（5）**電話調査法**　調査員または自動音声システムにより調査対象者へ電話し，他記式で調査する方法です。コンピュータを使って発生させたランダムな番号へ電話する**RDD（Random Digit Dialing）方式**が主に使われています。電話調査は，メディアで報道される**世論調査**でよく使われる実査方法ですが，電話を持っていない，日中は電話に出ることができない，知らない番号の電話には出ない，といった人々に対して調査ができないデメリットがあります。

（6）**インターネット調査（オンライン調査）法**　調査対象者がウェブサイトやSNS上に掲載された調査項目を見て，ウェブサイトやSNS上で回答（入力）する方法です。他の調査方法に比べて非常に少ない費用や人手で済み，回答を瞬時に集計できる手軽さがあります。しかし，調査対象者がインターネット環境にアクセスできる人に限定される，手軽に回答できる反面いい加減な回答になる，といったデメリットもあります。

5.1.2　標本の抽出

　調査対象者の属している集団全体を**母集団**，母集団に関わるさまざまな統計量を**母数（パラメータ）**といいます。**全数調査（悉皆調査）**は，母集団に属するすべての個体を対象とした調査であり，直接母数を求めるものです。5年ごとに実施される総務省の国勢調査，文部科学省による学校を対象とした各種調査などは全数調査です。一方，調査対象となる母集団から一部の集団（**標本，サンプル**）を取り出して行う調査を**標本調査**といいます。母集団から標本を取り出すことを**標本抽出**または**サンプリング**といい，抽出した個体数を**標本サイズ（サンプルサイズ）**といいます。労働者の賃金を調査する厚生労働省の賃金構造基本統計調査，家計の収入・支出などを調査する総務省の家計調査は標本調査です。

　通常，標本調査は調査対象者の属する母集団情報（母数）を知るために実施します。標本調査から得られた情報をもとに，統計的な手法を用いて母集団の状況を推定します。しかし，標本調査は母集団の一部のみを抽出しているので，必ず母集団との**誤差（標本誤差）**が生じます。標本誤差は，標本サイズの大きさで決まります。標本サイズが大きいほど標本誤差は小さくなり，母集団を推定する精度は高くなります。もし「内閣支持率は60％」という報道があったとき，100人に調査した結果であれば本当の内閣支持率は「（95％の確からしさで）およそ50％から70％の間」です。ですが，1,000人に調査した結果であれば「およそ57％から63％の間」となり，100人に調査したときよりも誤差は小さくなります。

　母集団から標本を抽出する際，偏った個体が多く選ばれるバイアスが大きいと，調査の精度は低くなります。調査者が意図的に調査対象を選ぶ**有意抽出**は，バイアスが大きくなる標本抽出方法です。バイアスや標本誤差を無くすためには全数調査が理想的ですが，母集団全体を調査するには多くの費用，時間，人が必要になります。国や自治体で実施するような大規模な調査でなければ，通常は困難です。そこで，多くの調査では確率論に基づいて標本を抽出する**無作為抽出**を用います。完全にランダムな抽出を行う無作為抽出を**単純無作為抽出法**といいます。単純無作為抽出法は調査精度の高い理想的な抽出法ですが，母集団の規模が大きくなれば手間や費

用がかかりますので，実際には代替的な方法が用いられます。

　社会調査のデータを利用する際には，実査の方法，標本の抽出方法，標本サイズなどを確認し，データ分析と分析結果の解釈を行う必要があります。

5.1.3　データの種類

　社会調査で収集するデータは，統計的な処理ができる段階によって，次の4つの尺度水準に分類できます。

　(1) **名義尺度**　血液型や性別など，単に他の区分と区別するだけのデータです。「1. 男性，2. 女性」のように数値を割り当てることはできますが，数値自体には意味がないので演算はできません。

　(2) **順序尺度**　「1級，2級，3級」，「1. 良い，2. 普通，3. 悪い」など，数値の順序や大小にのみ意味をもつデータです。「震度1＜震度2＜震度3」のように大小関係を示すことができます。しかし，数値の間隔には意味がないので，「震度1＋震度2＝震度3」のような計算はできません。

　(3) **間隔尺度**　気温やテストの点数など，数値の順序や大小に意味があり，かつ数値の間隔が一定であるデータです。「気温30℃と気温20℃の差は10℃である。平均気温は25℃である。」のような算術演算が可能です。

　(4) **比率尺度**　間隔尺度と同様，数値の順序や大小に意味があり，かつ数値の間隔が一定であるデータです。間隔尺度との違いは，データ間の「比率」に意味がある点です。比率尺度は，身長，体重のように「0」を原点としており，「0」は何も無い状態を指します。一方，間隔尺度である気温の「0」は，「0℃」という温度を指しています。比率尺度は「50kgの1.2倍は60kgだ」などのように比を求めることができます。

　4つの尺度水準のうち，名義尺度と順序尺度は質的データ，間隔尺度と比例尺度は量的データになります。「名義尺度＜順序尺度＜間隔尺度＜比率尺度」の順でデータの情報量は多くなり，適用できる統計的手法も多くなります。下位の尺度水準に適用できる統計的手法は，上位の尺度水準にも同じように適用することが可能です。例えば，名義尺度では**最頻値**を求

めることができるので，順序尺度では，最頻値に加えて，**中央値**，**四分位数**，**範囲**などを求めることができます。間隔尺度と比率尺度ではさらに，**平均値**，**分散**，**標準偏差**などを求めることができます。

　量的データは，質的データへ変換することが可能です。例えば，18歳，25歳などの量的データである「年齢」は，10代，20代といった質的データである「年代」へ変換することが可能です。ですが，「年齢」から「年代」へ変換すると情報量が少なくなるので，統計的に分析できる方法は少なくなってしまいます。

5.2
統計量の基本と応用

5.2.1　代表値と散布度

　あるデータの集まりの特徴を表すために要約した数値を**統計量**といいます。よく使われる統計量には，平均値，中央値，分散，標準偏差などがあり，これらを**基本統計量**といいます。

　平均値，中央値，最頻値など，データの中心的な値を表す統計量を**代表値**といいます。**平均値**（算術平均，mean）は，データの総和をデータの個数で割った値です。**中央値**（median）は，データを大小の順に並べ替えたときに，中央に位置する値です。データが偶数個のときは，中央にある二つの値の平均値となります。**最頻値**（mode）は，全データの中で最も多く現れる値，または全データに占める出現頻度の比率が最も大きい値です。Excelには統計量を算出する関数が用意されており，平均値はAVERAGE関数，中央値はMEDIAN関数，最頻値はMODE関数で求めることができます。

　データの特徴を把握するためには，分散や標準偏差といったデータの散らばり具合に関する統計量（**散布度**）の確認も必要です。**分散**（variance）は，各データからデータ全体の平均値との差をもとめ，それらを二乗して総和をとり，データの個数で割ったものです。各データの値と平均値の差を**偏差**（deviation）といいます。つまり，分散は各データ

の「偏差を二乗した値の平均値」です。わざわざ偏差を二乗しているのは，符号の異なる偏差が互いに打ち消しあうのを防ぐためです。**標準偏差 (standard deviation)** は，分散の平方根をとった値です。分散および標準偏差は，その値が大きくなるほどデータの散らばりが大きく，値が0に近いほどデータが平均値周りにあることを意味します。もし，分散と標準偏差が0であれば，散らばりは全くないということなので，データの値はすべて同じということになります。

　観測されたデータについて，単にそれらの特徴を確認する**記述統計学**では，分散は偏差の二乗の総和を「データの個数」で割って求めます。しかし，ある母集団から抽出した標本から，抽出元の母数（母集団の統計量）を推測する場合，記述統計学の方法で計算した分散（**標本分散**）は，真の値である母集団の分散（**母分散**）よりもやや小さくなります[67]。そこで観測されたデータから母数を推定する**推計統計学**では，偏差の二乗の総和を「データの個数 − 1」で割って分散を求めます。この方法で求めた分散を**不偏分散**といいます。多くの場合，観測されたデータは母集団の一部分から抽出したデータであり，データ分析の目的は，それらのデータから母集団全体の特徴を推測することにあります。そのため Excel 関数で分散，標準偏差を求めるときは，記述統計の関数である **VAR.P 関数**，**STDEV.P 関数**よりも，推測統計の関数である **VAR.S 関数**，**STDEV.S 関数**の方が多く用いられます。ただし，統計上の意味としては，「データの個数」と「データの個数 − 1」で割って求める分散に大きな違いはありますが，データの個数が大きくなれば，両者で求めた分散はほぼ同じ値になります。

5.2.2　その他の統計量

　Excel には基本統計量を出力する「分析ツール」があります。分析ツールは Excel のメニューから，［データ］-［データ分析］-［分析ツール］を選択して実行します。図20は，厚生労働省「賃金構造基本統計調査」による初任給のデータを Excel に入力した画面であり，図21はこのデータ

67）栗原伸一，丸山敦史（2017）統計学図鑑．オーム社．

を分析ツールで出力した基本統計量です。基本統計量には平均値，中央値，最頻値，分散，標準偏差のほか，尖度（せんど），歪度（わいど），範囲なども出力されています。歪度はデータ分布をグラフにしたときの左右対称性，尖度は裾の広がり具合の指標です。範囲は，最大（値）と最小（値）の差です。最頻値に表示されている「#N/A」は，エラー値を表しています。今回の初任給データは，小数点を含む細かいデータだったので，重複するデータが見つからずにエラー値になっています。これらの統計量を Excel の関数で求めるときには，尖度は KURT 関数，歪度は SKEW 関数，合計値は SUM 関数，最大値は MAX 関数，最小値は MIN 関数，データの個数は COUNT 関数を使用します。

	A	B	C	D	E	F
1						
2		年	大学卒（男性）	高校卒（男性）	大学卒（女性）	高校卒（女性）
3		2010	200.3	160.7	193.5	153.2
4		2011	205.0	159.4	197.9	151.8
5		2012	201.8	160.1	196.5	153.6
6		2013	200.2	158.9	195.1	151.3
7		2014	202.9	161.3	197.2	154.2
8		2015	204.5	163.4	198.8	156.2
9		2016	205.9	163.5	200	157.2
10		2017	207.8	164.2	204.1	158.4
11		2018	210.1	166.6	202.6	162.3
12		2019	212.8	168.9	206.9	164.6

図 20　学歴別，男女別の初任給データ

出所：厚生労働省「賃金構造基本統計調査」
（https://www.mhlw.go.jp/toukei/list/chinginkouzou.html）
（注）2010 年から 2019 年の学歴別，性別の初任給データ

	A	B	C	D	E	F	G	H
1	大学卒（男性）		高校卒（男性）		大学卒（女性）		高校卒（女性）	
2								
3	平均	205.13	平均	162.7	平均	199.26	平均	156.28
4	標準誤差	1.313861992	標準誤差	1.027834833	標準誤差	1.324571209	標準誤差	1.40109481
5	中央値（メジアン）	204.75	中央値（メジアン）	162.35	中央値（メジアン）	198.35	中央値（メジアン）	155.2
6	最頻値（モード）	#N/A	最頻値（モード）	#N/A	最頻値（モード）	#N/A	最頻値（モード）	#N/A
7	標準偏差	4.154796425	標準偏差	3.250299132	標準偏差	4.188661945	標準偏差	4.430650818
8	分散	17.26233333	分散	10.56444444	分散	17.54488889	分散	19.63066667
9	尖度	-0.380555269	尖度	-0.218288124	尖度	-0.396931821	尖度	-0.202483685
10	歪度	0.60554894	歪度	0.739179886	歪度	0.569837027	歪度	0.851947631
11	範囲	12.6	範囲	10	範囲	13.4	範囲	13.3
12	最小	200.2	最小	158.9	最小	193.5	最小	151.3
13	最大	212.8	最大	168.9	最大	206.9	最大	164.6
14	合計	2051.3	合計	1627	合計	1992.6	合計	1562.8
15	データの個数	10	データの個数	10	データの個数	10	データの個数	10

図 21　Excel のデータ分析ツールで出力した基本統計量

5.3
可視化の技法

5.3.1 度数分布表

　データを整理し，特徴を把握するためには，表やグラフを作成することが有効です。表6は，ある科目の学習時間について学生10名へ調査した結果です。学生数が少なければデータを概観できるかもしれませんが，学生数が多くなると全体の特徴を把握することは困難になります。そこで，データ全体の特徴を把握するために，表7のようなカテゴリごとにデータをまとめた表を作成します。この表を**度数分布表**といいます。**分布**とはデータの散らばりの様子のことです。カテゴリをまとめた区間を**階級**，階級に含まれるデータの個数を**度数**といいます。「30分以上　40分未満」といった**階級の幅**は，データ全体の特徴が把握できるよう，適宜，調整します。もし，表7において階級の幅が1分刻みや30分刻みなど，極端に細かすぎたり粗すぎたりすれば，理解しづらくなります。表7では，度数のほかに，累積度数，相対度数，全体に占める割合も表示しています。**累積度数**は，最小の階級の度数から，当該階級の度数までの総和です。**相対度数**は，当該階級の度数を度数全体の合計で割った値です。割合は相対度数をパーセントで表示した値です。度数分布表を作成するときには，データ

表6　学生別の学習時間　表7　学習時間の度数分布表の例

学生	学習時間（分）
A	45
B	62
C	41
D	43
E	54
F	32
G	44
H	23
I	52
J	51

階級(学習時間)	度数(人)	累積度数(人)	相対度数	割合(%)
30分未満	1	1	0.1	10.0
30分以上　40分未満	1	2	0.1	10.0
40分以上　50分未満	4	6	0.4	40.0
50分以上　60分未満	3	9	0.3	30.0
60分以上	1	10	0.1	10.0
合計	10	−	1.0	100.0

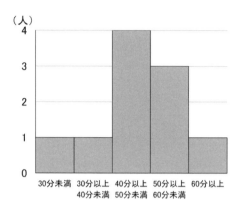

図 22　ヒストグラムの作成例　［2D- 縦棒］-［集合縦棒］

全体の特徴を把握しやすくなりますので，このような指標も併せて表示するとよいでしょう。

　度数分布表の階級の幅を底辺とし，度数を高さとして作成した棒グラフを**ヒストグラム**といいます。表よりもグラフの方がデータの特徴を容易に把握できます。図22は表7の度数分布表から，Excel の棒グラフ（2D 縦棒）を使って作成したヒストグラムです。その他，Excel でヒストグラムを作成する方法としては，「統計グラフ」から作成する方法と，「データ分析ツール」から作成する方法があります。

5.3.2　基本的なグラフ

　データの特徴を理解するためによく使われるグラフには，図 23 のようなものがあります。

　（a）縦棒グラフは，縦軸にデータの値をとり，横軸の項目間について値の大小を比較したいときに使用します。比較するデータの値が大きく，棒が長くなるときは横棒グラフを使う方が良い場合もあります。項目間の並びは特に決まりはなく，五十音順，アルファベット順，データ量の多い順，グラフの元になるデータの項目順（例えばアンケート項目の順，都道府県順），

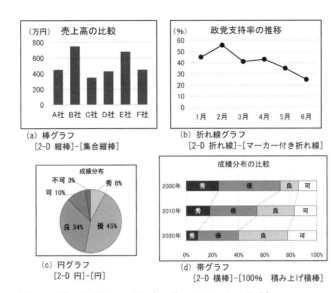

図 23　様々なグラフの例（いずれも Excel で作成）

時系列順など，説明目的に応じて並び順を決めます。

　(b) 折れ線グラフは，ある連続する変数を横軸にとり，その変数の変化に対応する値を縦軸にプロットし，それらを直線でつないだグラフです。主に，時間の推移によって，データがどのように変化しているか，どのような傾向にあるかを確認したいときに使用します。棒グラフではデータ項目の順序は関係ありませんが，折れ線グラフでは項目の順番に意味があります。

　(c) 円グラフは，全体に対する各項目の構成比率を表すときに使用します。円全体の面積を 100％ としたとき，データの各項目の面積は，比率に応じた扇形の面積になります。一般的に，データ項目の順序は，時計の12時方向から時計回りに比率の大きいものから並べますが，図 23 (c) のようにデータの項目順（成績の良い順）で並べることもあります。

（d）帯グラフは，円グラフと同様に全体に対する各項目の構成比率を表すときに使用します。帯（棒）全体の面積を 100％ としたとき，データの各項目の面積は，比率に応じた長方形の面積になります。帯グラフでは，複数のグラフを並べて，構成比率を比較することができます。データ項目の並びは円グラフと同様に，データ量の大きい（小さい）順に並べたり，グラフの元となるデータの項目順に並べたりします。ただし，複数の帯グラフを並べる場合は，比較して見やすいように各項目の並び順は全て同じに統一します。例えば，図 23（d）における 2000 年のデータ項目の並びは，左から「秀，優，良，可」の順番なので，2010 年，2020 年の並びも同じ順番にします。

ここで挙げた例以外にも，箱ひげ図，散布図，レーダーチャートなど，多様なグラフがあります。グラフの特徴を踏まえて，目的に合ったグラフを作成します。

5.3.3　四分位数

四分位数は中央値に関連する散らばり具合の統計量です。**分位数**とは，データを小さい順に並べて，いくつかに等分したときの境界値のことです。四分位数は 4 等分したときの境界値であり，数値が小さい順に，**第 1 四分位数**，**第 2 四分位数**，**第 3 四分位数**といいます。第 2 四分位数は全体の真ん中に位置する値なので，中央値と同じ値になります。例えば，データ ｜60，94，96，98，98，100｜ の第 1 四分位数は左から 2 番目の「94」，第 2 四分位数（中央値）は左から 3 番目と 4 番目の平均値である「97」，第 3 四分位数は左から 5 番目の「98」となります。第 3 四分位数と第 1 四分位数の差を**四分位範囲**といい，このデータでは「4」となります。データにばらつきがなく，中央値の周辺にデータが集まっているほど，四分位範囲は小さくなります。また，データを小さい順から並べたとき，最小値から数えて全体の何％に位置するかを表した値を**パーセンタイル**といいます。最小値は 0 パーセンタイル，第 1 四分位数は 25 パーセンタイル，第 2 四分位数（中央値）は 50 パーセンタイル，第 3 四分位数は 75 パーセン

タイル，最大値は 100 パーセンタイルとなります。

　四分位数をグラフ化したものが**箱ひげ図**（box plot）です。箱ひげ図は，第1四分位数から第3四分位数までの高さである「箱」の部分と，箱から伸びている，最小値，最大値の「ひげ」の部分から構成されます。箱の中の横線は中央値を示しています。箱ひげ図は複数のデータのばらつき具合を確認するのに便利です。

　図24は，Excel の B 列（データ A）と C 列（データ B）のデータから作成した箱ひげ図です。データ A とデータ B の最大値，最小値，中央値は同じ値ですが，データ A の箱はデータ B よりも縦に長くなっています。これは，データ A がデータ B よりも「散らばり」が大きいことを意味しています。

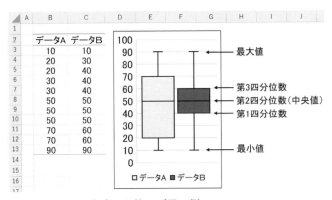

図 24　Excel で作成した箱ひげ図の例

5.3.4　外れ値

　他のデータ値から極端な差がある値を**外れ値**といいます。代表値として多用される平均値は，外れ値の影響を受けやすい統計量です。所得関連のデータは，外れ値の影響を受けやすい事例としてよく知られています。図25は，厚生労働省「国民生活基礎調査」の所得に関するヒストグラムです。横軸の目盛は1世帯あたりの平均所得金額の階級，縦軸の目盛はその階級における相対度数を示しています。この調査によると，平均所得金額

は 552 万円，中央値は 437 万円です。平均値と中央値には 115 万円の差額があり，平均値以下に占める世帯数の割合は全体の 61％と過半数を超えています。言い換えれば，約 6 割の世帯が平均値以下の所得である，ということです。そして，最頻値は「200 万円以上 300 万円未満」のところにあります。つまり，日本の世帯所得は，平均値の半分程度である「200 万円以上 300 万円未満」が最も多いということを意味しています。世帯所得の場合，非常に所得の高い一部の世帯が「外れ値」になっているので，全体の平均値が高くなっています。

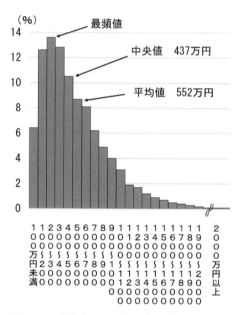

図 25　1 世帯当たり平均所得金額階級別世帯数の相対度数分布

出所：厚生労働省「国民生活基礎調査」(https://www.mhlw.go.jp/
toukei/list/20-21.html)
（注）2019 年の 1 世帯当たり平均所得金額

─コラム❖レポートの評価─

　大学では，なぜレポートを書く（書かされる）のでしょうか。目的

はいろいろありますが，大きく（1）授業内容の理解度を把握する，
（2）授業の教育効果を高める，（3）レポートの書き方を身に付ける，
などがあると思います。いずれにしても，教員側はある目標を掲げて
レポートを課し，評価をしています。やみくもにレポート課題を出し
ているわけではありません。レポートを評価するポイントは教員によ
って多様ですが，例えば次のような点に着目して，採点しています。

（1）基本的なルールが守られているか

　表紙の有無，学生番号・氏名・日付・テーマ名の記載，文字数，提
出方法，提出期限などの最低限のルールは厳守します。守られていな
いレポートは，受理すらされない可能性があります。

（2）言葉づかい，図表の形式など，体裁は適切か

　「です・ます」で書いている，話し言葉で書いている，図表の番号
やタイトルがない，引用形式が十分ではない，参考文献リストの書き
方が適切ではないといった，大学生のレポートとしての体裁が整って
いないときは，大きく減点になります。いくら内容が良くても，体裁
が整っていなければ評価は低くなります。ただし，経験的には，体裁
の整っていないレポートは内容も非常に悪いです。

（3）主張，考察するための根拠を正しく示しているか

　自分の意見（考え）を述べるときに，その根拠を正しく示している
かが採点ポイントのひとつになります。結論で良い意見を述べても，
結論に至るまでの根拠が乏しく，正しい証拠を提示していなければ，
筋道を立てた論述にはなりません。単なる作文や感想文として扱われ
てしまいます。根拠の示し方は，レポートの大きな評価項目になりま
す。

（4）テーマに対する内容が記述されているか

　論述した内容が与えられたテーマと一致し，かつ十分な記述になっ

ているかを判断します。上記の（1）から（3）は「できて当然」であり，できなければ，かなり低い評価になります。特に（1），（2）を満たしていない「レポートもどき」は，教員によっては受理しないか，受け取っても０点とすることもあります。（1）から（3）を満たして，初めて「レポート」として扱われ，その内容の良し悪しについて評価されます。

第6章
データ整理の基礎（2）

6.1
相関関係

　おにぎりの売上高とお茶の売上高のような二つのデータの関係性を把握するには**散布図（相関図）**を使うと便利です。散布図は，一方の変数を x 座標，もう一方の変数を y 座標として平面上にプロットした図です。一方の変数 x が変化すると，もう一方の変数 y も変化するような関係性を，**相関関係**または**相関**があるといいます。一方の変数が大きくなるにつれて，もう一方の変数も大きくなるような関係を**正の相関**といい，データの各点は右肩上がりの直線上に並びます（図 26 の左）。逆に，一方の変数が大きくなるほど，もう一方の変数が小さくなるような関係を**負の相関**といい，データの各点は右肩下がりの直線上に並びます（図 26 の中央）。二つのデータ間に相関がないときは，データの各点は散らばった散布図になります（図 26 の右）。

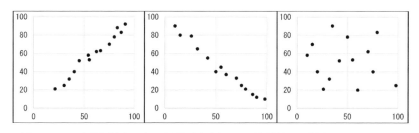

図 26　正の相関（左），負の相関（中央），ほぼ相関なし（右）

相関係数は相関の程度を示す指標です。単に「相関係数」というときは「ピアソンの積率相関係数」のことをいい，rで表します。相関係数rは－1から1の値をとり，マイナスの符号は負の相関，プラスの符号は正の相関を示しています。二つのデータの相関が強くなるほど，相関係数rは－1や1に近くなり，相関が弱くなるほど0に近くなります。相関係数rがどの程度であれば強い相関なのか，統一した決まりはありませんが，目安としては，｜0.2｜＜r≦｜0.4｜は弱い相関，｜0.4｜＜r≦｜0.7｜は中程度の相関，｜0.7｜＜r≦｜1｜は強い相関と言えます。

相関係数は散布図に描いた点が直線上に並んでいるか，すなわち二つのデータの直線関係を判断する指標なので，直線の傾きは相関の強さとは関係ありません（図27の左，中央）。また，相関係数が0に近くても二つのデータが独立しているとは限りません。例えば図27の右図の相関係数rは0ですが，データ間には明らかに関係性がありそうです。相関係数だけではなく，まずは散布図で形状を確認することが大切です。

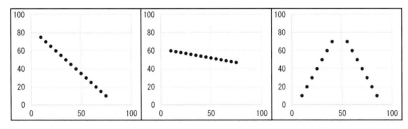

図27　相関係数 r=－1（左），相関係数 r=－1（中央），相関係数 r=0（右）

実際のデータを使って，相関を調べてみましょう。アイスクリームとビールの支出金額には相関のあることが知られています[68]。図28は，総務省統計局による「家計調査」の調査データから「アイスクリーム」と「ビール」の平均支出金額を調べて，Excelで散布図を作成した図です。x

---

68）山口県統計分析課（2021）知っちょる？　統計やまぐち「120 疑似相関って知っていますか？」．https://www.pref.yamaguchi.lg.jp/soshiki/22/15683.html.

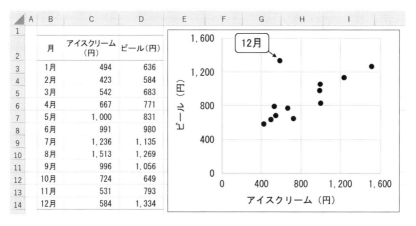

図 28　アイスクリームとビールの平均支出金額に関する散布図

出所：総務省統計局「家計調査」（https://www.stat.go.jp/data/kakei/）
（注）2019 年における 1 世帯（2 人以上）当たりの平均支出金額

座標はアイスクリームの支出金額，y 座標はビールの支出金額です。

　散布図の各点は，右肩上がりの直線的な配置となっており，アイスクリームとビールの平均支出金額には正の相関がありそうです。Excel の **PEARSON 関数**で求めた相関係数 r は 0.66 でした。12 月のデータがほかのデータの並びから離れた場所にあるので，あまり強い相関にはならなかったようです。12 月のビールの支出金額は，お歳暮や正月のために購入量が非常に増えるので，外れ値になったと考えられます。12 月のデータを除いて相関係数を求めると，今度は 0.94 でした。アイスクリームの支出金額とビールの支出金額は，非常に強い相関があると言えます。

6.2
因果関係と疑似相関

　二つのデータ間に相関関係が認められたとき，その関係性には，一方の変数が直接的または間接的に他の変数へ影響する関係，相互に影響する関係，第 3 の変数が影響を及ぼす関係，偶然の関係などの可能性がありま

す。二つのデータのうち，一方の変数 x が原因となり，もう一方の変数 y へ影響を及ぼしている関係を**因果関係**といいます。このとき，変数 x が必ず先に変化し，変数 y は後に変化します。因果関係の例として，降水量と街の人流量の関係があります。雨が降った日は街の人出が減少し，晴れの日は多くなるので，降水量と人流量は相関関係にあると思われます。しかし人流量が降水量へ影響することはありません。この場合，降水量は原因，人流量は結果という因果関係にあります。

　相関関係も，一方の変数 x が変化すると，もう一方の変数 y が変化しますが，どちらが原因でどちらが結果になるかは不明であり，相互かつ同時に影響しあっています。例えば，ある地域の商店街において商店数と住民人口の推移に相関があるとします。客である住民が減少したから商店が減ったのかもしれませんし，高齢化で店じまいをする商店が増えたので，不便だからと隣町へ引っ越した住民が増えたのかもしれません。逆に，人口が増えたから商店を新たに出店した，あらたな商店が出来て利便性が増したから人口が増加した，ということも考えられます。少なくとも，これだけの情報では商店数と住民人口の因果関係までは特定できず，単に相関が認められる，ということになります。

　もう一度，先ほどのアイスクリームとビールの支出金額の相関関係を考えてみましょう。ビールを飲むとアイスクリームが食べたくなるのでしょうか。企業広告を見ても，ビールとアイスクリームを関連付けているものはなさそうです。このような場合，第 3 の要因が両者を結び付けている可能性があります。第 3 の変数 z の変化が，変数 x と変数 y の変化へそれぞれ影響し，変数 x と変数 y に**見せかけの相関**をもたらしています。このような関係を**疑似相関**といいます。図 29 は，アイスクリームとビールの支出金額，気温の推移を示した折れ線グラフです。外れ値である 12 月のデータを除くと，3 本の折れ線グラフは 8 月を頂点としたほぼ同じ山型になっています。気温とビールの相関係数は 0.88，気温とアイスクリームの相関係数は 0.93 といずれも非常に大きな値になりました。ここでは，

69）谷岡一郎（2000）「社会調査」のウソ－リサーチ・リテラシーのすすめ．文春新書，pp124-141.

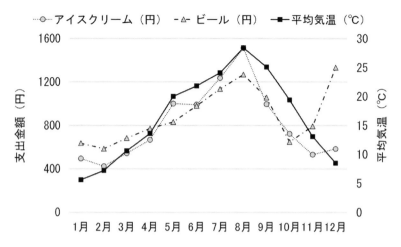

図 29　アイスクリーム，ビール，平均気温の年間推移

出所：総務省統計局「家計調査」（https://www.stat.go.jp/data/kakei/）
出所：気象庁「2019 年　東京都の日平均気温」（https://www.data.jma.go.jp/stats/
etrn/index.php）

「気温」という第 3 の要因がアイスクリームの支出金額とビールの支出金額へ影響し，アイスクリームとビールの関係が疑似相関になっていると言えます。

　変数 x と変数 y の相関関係に第 3 の変数 z からもたらされる効果を，**媒介効果**といいます。媒介効果は，変数 x の変化が変数 z の変化をもたらし，さらに変数 z が変数 y へ影響を及ぼすような関係です。媒介効果の例として，親の学歴と子どもの学力の関係があります。両者には正の相関があり，親の収入や子どもに対する教育投資が媒介している可能性があります。学歴の高い親ほど高収入を得る職業についている可能性が高く，子どもの塾などに対する多額の教育投資が可能です。教育投資が大きくなれば，学習時間も長くなる可能性がありますので，結果として，子どもの学力が高くなる，という推測ができます。

　二つのデータに相関関係がみられたときも，単なる偶然だった，ということがあります。例えば，月別の交通事故死者数とアジアからの観光客数

には，負の強い相関がみられます[70]。しかし，アジアからの観光客が増えたことが原因で交通事故死者数が減少したと考えるのは無理があります。反対に，交通事故死者数の減少が観光客を増加させたとも考えづらく，これは単なる**偶然の相関**だとみなすのが妥当と言えます。現実のデータは様々な要因から影響を受けており，その関係性を解明することは容易ではありませんが，可能な限り多くの要因を検証することが必要です。

6.3
クロス集計表

表8のような質的データの特徴を把握するには，各項目の度数を集計した**単純集計表**を作成します。表9は表8の質的データから作成した単純集計表の例です。各表では度数（人数）のほか，全体に占める割合（%）も記載しており，各項目の特徴を把握しやすくなっています。

履修者の割合を学年別にみると1年生は65%，性別にみると男子学生は44%，成績別にみると優は55.5%などがわかります。

表8　成績データ（架空）の例

履修番号	学年	性別	成績
1	1年生	男	優
2	1年生	男	優
3	1年生	男	良
5	1年生	女	可
98	1年生	女	良
99	2年生	女	優
100	1年生	男	優

---

70) 日本政府観光局「国籍／月別 訪日外客数（2019年）」と警察庁「道路の交通に関する統計. 交通事故統計月報（2019年）」から求めた相関係数 r は −0.73 でした。

表 9　単純集計表の例：学年別（左），性別（中央），成績別（右）

	人数（人）	割合（%）
1年生	130	65.0
2年生	70	35.0
計	200	100.0

	人数（人）	割合（%）
男子学生	88	44.0
女子学生	112	56.0
計	200	100.0

	人数（人）	割合（%）
優	111	55.5
良	53	26.5
可	36	18.0
計	200	100.0

　ただし，個別の表からは，性別や学年で成績が異なるかといった複数の項目間の関係性まではわかりません。複数のデータの関係性を確認するには，**クロス集計表**を作成します。クロス集計表は，単純集計表の項目同士を文字どおり「クロス」して集計した表です。表 10 と表 11 は，表 8 のデータからクロス集計表を作成した例です。表 10 において，男子学生，女子学生と書いてある行の見出しを**表側**，優，良，可と書いてある列の見出しを**表頭**といいます。一般に，検証したい項目を表頭，検証するための要因となる項目を表側に配置し，相対度数（比率）は表側の項目（行）で 100% となるように作成します。

　性別と学年で成績がどのようになっているか見てみましょう。表 10 では，男子学生の可の割合は約 32% であり，約 7% である女子学生よりも割合は大きくなっています。反対に，優の割合は女子学生の方が大きく，全体的に女子学生の方が良い成績です。次に，表 11 を見ると，成績が可であった 36 名のうち，27 名は 2 年生でした。つまり，二つのクロス集計表からは，男子学生よりも女子学生の方が成績は良く，2 年生よりも 1 年生の方が成績は良い，と読み取ることができます。2 年生の男子学生の成績はあまり良くはない，ということも言えそうですが，これを確認するには「性別と学年と成績」の関係を見る必要があります。

　三つのデータの関係性を見るには，表 12 に示す**3 重クロス集計表**が役立ちます。この表の表側には学年を大項目，各学年の下に中項目として性別を入れてあります。分析目的に応じて性別を大項目，学年を中項目としても構いません。表 12 を見ると，2 年生の男子学生 34 名のうち約 74% が可であり，表 10 と表 11 から推測した「2 年生の男子学生の成績はあまり

表 10 「性別と成績」のクロス集計表の例

	優	良	可	計
男子学生	41 (46.6)	19 (21.6)	28 (31.8)	88 (100.0)
女子学生	70 (62.5)	34 (30.4)	8 (7.1)	112 (100.0)
計	111 (55.5)	53 (26.5)	36 (18.0)	200 (100.0)

数値は人数，( )内は%

表 11 「学年と成績」のクロス集計表の例

	優	良	可	計
1年生	88 (67.7)	33 (25.4)	9 (6.9)	130 (100.0)
2年生	23 (32.9)	20 (28.6)	27 (38.6)	70 (100.0)
計	111 (55.5)	53 (26.5)	36 (18.0)	200 (100.0)

数値は人数，( )内は%

表 12 「性別と学年と成績」の3重クロス集計表の例

		優	良	可	計
1年生	男子学生	36 (66.7)	15 (27.8)	3 (5.6)	54 (100.0)
	女子学生	52 (68.4)	18 (23.7)	6 (7.9)	76 (100.0)
	計	88 (67.7)	33 (25.4)	9 (6.9)	130 (100.0)
2年生	男子学生	5 (14.7)	4 (11.8)	25 (73.5)	34 (100.0)
	女子学生	18 (50.0)	16 (44.4)	2 (5.6)	36 (100.0)
	計	23 (32.9)	20 (28.6)	27 (38.6)	70 (100.0)
計		111 (55.5)	53 (26.5)	36 (18.0)	200 (100.0)

数値は人数，( )内は%

良好ではない」ことが一目でわかります。一度に検証したいデータが4つ以上のときにも，4重クロス集計表，5重クロス集計表を作成することは可能ですが，複雑になれば逆に見づらくなります。一般的には，3重クロス集計表までにしたほうが良いでしょう。

6.4
図表の作成方法

6.4.1 表の作成

　レポートでは，収集，測定したデータを考察するために表やグラフを作成します。データに関する平均値，標準偏差，データ数といった基本統計量は必ず報告します。その際，Excel や統計ソフトで出力した基本統計量を，レポートへそのまま貼り付けてはいけません。レポートへ掲載する前に，表の体裁を整えます。図 30 は，適切ではない表の例です。

	大学卒（男性）	高校卒（男性）	大学卒（女性）	高校卒（女性）
平均	205.13	162.7	199.26	156.28
標準偏差	4.154796425	3.250299132	4.188661945	4.430650818
最小	200.2	158.9	193.5	151.3
最大	212.8	168.9	206.9	164.6
データの個数	10	10	10	10

表　初任給の基本統計量

図 30　適切ではない表の例

　見やすく，分かりやすい表にするためには，次のような改善が必要です。
（1）表のタイトルは上に書き，表番号を付ける
　表のタイトルは，表の上部中央に書きます。通し番号をつけて，表の内容を説明するようなタイトルにします。短いレポートなどの通し番号は表1，表 2 としますが，卒業論文などでは，表 2.1，表 2.2 のように章，節，項ごとに通し番号を付けます。

（2）表の罫線は，横罫線のみとし，細い直線で描く
　表の罫線は，原則として横の罫線のみで書きます。複雑な表では縦罫線を使用することもありますが，最小限に留めます。罫線には 2 重線や点線は使用せず，細目の直線のみ使います。

（3）項目のレイアウト，名前を変更する

表1　性別・学歴別初任給に関する基本統計量

（単位：千円）

		平均値	標準偏差	最小値	最大値
男性	大学卒	205.1	4.15	200.2	212.8
	高校卒	162.7	3.25	158.9	168.9
女性	大学卒	199.3	4.19	193.5	206.9
	高校卒	156.3	4.43	151.3	164.6

出所：厚生労働省「賃金構造基本統計調査」
（注）2010年から2019年の10年間の調査データを利用

図31　見やすく改善した表の例

　Excelや統計ソフトで出力された基本統計量のレイアウト，項目の名称をそのまま使用するのではなく，適宜，変更します。

（4）数値の桁数を揃える

　数値の桁数は，同じ種類の項目で揃えます。実験の測定データでは有効数字に注意して桁数を記載しますが，調査データは小数第1位まで，のように分野ごとの慣例で決まっていることもあります。

（5）単位を書く

　表には，データの単位を記載します。表の項目が複数ありすべての単位が同じときには，表の枠外にまとめて記載します。表頭の項目ごとに単位が異なるときは，各単位を括弧で囲み，表頭部分に記載します。

（5）データの出所を明示する

　レポートの本文中に「賃金構造基本統計調査のデータを使用した」と記述していても，表にもあらためて出所を明示します。掲載されているデータを入手できるように，具体的な情報を記載します。

　図31は，図30を見やすく改善した表の例です。今回は，男女別に学歴による初任給の違いを検証するので，表側の大項目を性別，中項目を学歴，検証したい基本統計量を表頭へ配置しました。データの個数は表には記載

せず，表の下に注釈をつけて，10年分のデータを用いて統計量を算出したこと報告しています。

6.4.2　図の作成

　同様に，図の改善点を見ていきましょう。図32は適切ではない棒グラフの例です。

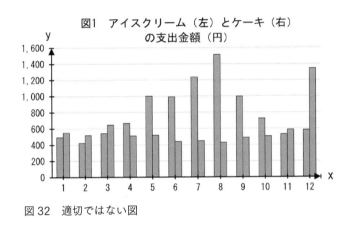

図1　アイスクリーム（左）とケーキ（右）
の支出金額（円）

図32　適切ではない図

　見やすく，分かりやすい図にするためには，次のような改善が必要です。
（1）図のタイトルは下に書き，図番号を付ける
　図（グラフ，イラスト，写真など）のタイトルは下に書きます。Excelでグラフを作成したときは，自動的にグラフのタイトルが上になりますので修正が必要です。

（2）縦軸，横軸は直交座標系のように書かない
　数学で使われる直交座標系のように，x軸，y軸といったラベルや，軸の矢印は書きません。軸の目盛も交差せずに書きます。散布図，曲線グラフ，折れ線グラフも同様です。

（3）縦軸と横軸には，軸ラベルと単位をつける

縦軸と横軸には，軸ラベルと単位を付けます。縦軸の軸ラベルは，日本語のときは縦書きか下から上方向へ横書き，英字のときは横書きで記載します。横軸に年や月を配置するときは，軸ラベルを省略することもあります。また，軸の目盛りは細かすぎると見づらくなるので，調整します。

（4）異なるデータのグラフを見やすく工夫する

　図32では，棒グラフの左がアイスクリームで，右がケーキとなっていますが，同じデザインで示されているので区別することが困難です。データ毎にデザインを変更し，凡例をつけて見やすくします。

（5）データの出所を明示する

　図を作成するのに用いたデータの出所を明示します。図を見る上での注意事項，補足事項を注釈としてつけることもあります。学問分野によっては，この部分に，グラフの見方や解釈といった図の説明を記載することもあります。

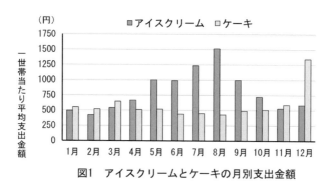

図1　アイスクリームとケーキの月別支出金額

出所：総務省「家計調査」の2019年の調査データをもとに筆者作成
注1：1世帯当たり平均支出金額は，2人以上の世帯に対する調査結果
注2：アイスクリームの平均支出金額にはシャーベットを含んでいる

　図33　改善した図の例

　図33は図32を改善した例です。棒グラフの横軸は調査月を直接書いて

いるので，横軸の単位は省略しています。また，調査データに関する注釈をデータの出所の下部に記載しています。

　ここで示した表や図は一つの例であり，専門分野や研究室によって「作成作法」は異なります。しかし，共通するのは「図表を見れば内容が理解できる」という点です。レポートを受け取る教員が，表や図を見て内容を理解できそうか，十分に確認しましょう。

6.4.3　対数グラフについて

　図34の左図及び右図は，北海道にある2つの振興局（管轄区域）の「新型コロナウイルス感染症患者数」を示したグラフです。左右のグラフは，どちらも同じデータを使用していますが，縦軸の目盛りが異なっています。

　石狩（札幌市，千歳市等）の人口は約240万人，後志（小樽市，ニセコ町等）の人口は約20万人と大きな差があり，左図では後志の変化を読み取ることができません。後志の感染者がほとんどいないと誤解されてしまいます。右図のような縦軸の目盛りにすることで，石狩と後志の両方の変化を一度に把握することができます。

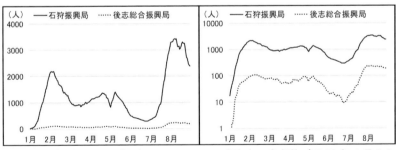

図34　北海道における新型コロナウイルス感染症の患者数（2022年1月から8月）

縦軸が等間隔の目盛り（左），縦軸が等倍の目盛り（右）

出所：北海道オープンデータポータル，新型コロナウイルス感染症に関するデータ【北海道】（https://www.harp.lg.jp/opendata/dataset/1369.html）
注：7日間のデータを移動平均で平滑化

図34の右図のような目盛りのグラフを**片対数グラフ**といいます。片対数グラフは，片方の軸の目盛りが対数目盛りになっており，データの桁数の範囲が広範なときに使用します。縦軸を対数目盛りにすると $y=a^x$ のような指数関数における x と y の関係を直線で表すことができ，横軸を対数目盛りにすると $y=\log x$ のような関係を直線で表すことができます。図34の片対数グラフは，縦軸の目盛りが1（10^0）から始まり，各目盛りは10倍（10のべき乗）ずつ増加しています。もちろん，縦軸の目盛りを0.1（10^{-1}），0.01（10^{-2}）から始めることも可能です。

　両方の軸において桁数の範囲が広いときや，$y=x^a$ のようなべき関数における x と y の関係を直線で表したいときは，縦軸と横軸の両方が対数目盛りになっている**両対数グラフ**を使います。両対数グラフでは，両軸の目盛りが10倍ずつ増加します。

6.4.4　グラフの視覚効果

　グラフは表よりも視覚効果が高いので，データの特徴を把握しやすくなります。ですが，視覚効果が高いゆえに，グラフの作り方によっては，読み手をだますことも可能です[71]。図35の左図は，ある自治体A市の広報誌に掲載された図を再現したものです。ラスパイレス指数とは国家公務員の給与を100としたときの相対的な給与水準値です。A市の棒グラフは，同規模の他都市の棒グラフと比較するととても短く，ラスパイレス指数は非常に低く見えます。しかし，このグラフの横軸は途中を省略し，両者の差が誇張して表示されています。横軸を省略しない右図では，両者はほとんど変わりません。A市のラスパイレス指数は，国家公務員，近隣の市町村，県内自治体の平均よりも高かったので，意図的に低く見せようとしたと感じてしまいます。図36もA市の広報誌に掲載された図です。やはり棒グラフの縦軸を省略しているので，減少幅が大きく見えています。ただし，この図の一番の問題点は，2015年（掲載当時）に1998年の給与データと比較したことです。なぜ，17年前という切れの悪い（半端な）データ

71）ダレル・ハフ著，高木秀玄訳（1968）統計でウソをつく法．講談社．

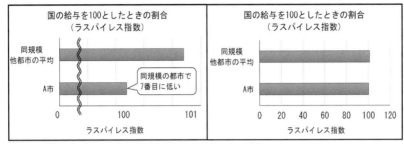

図 35　軸を省略したグラフ（左），元のグラフ（右）

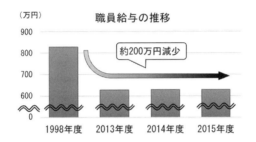

図 36　比較対象が不明なグラフ

と比較したのか，その合理的な説明がなければ，A 市に都合のよいデータのみを示したと勘ぐられてしまいます。

　図 37 の左図は縦軸が原点から始まっておらず，さらに 3D 表示によって棒グラフの伸びを誇張しています。合格者数は 6 年間で 10 名の増加ですが，急増しているように見えます。図 38 の左図は，円グラフを 3 D 表示にして，C 社の業界シェアを誇張表示しています。C 社は業界 3 位ですが，それ以上にシェアを占めているように感じると思います。

　これらの誇張したグラフは，Excel の機能を使って視覚効果を強調しただけであり，決してデータを改ざんしているわけではありません。しかし，レポートのグラフとして使用することは好ましくありません。レポートを見る側が誤解しないようなグラフを示す必要があります。ラスパイレス指

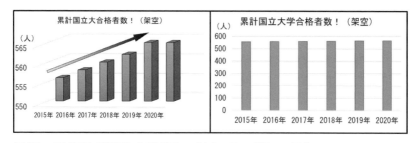

図37　3D表示で誇張した棒グラフ（左），元のグラフ（右）

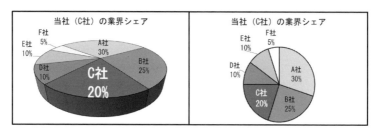

図38　3D表示で誇張した円グラフ（左），元のグラフ（右）

数の例ではA市以外のラスパイレス指数の一覧を表で示したり，合格者数では成長率や実数の表を提示したりする工夫が必要です。レポートで考察するために，軸の目盛が原点から始まらないグラフや，一部の期間だけのデータを示したグラフを掲載すること自体は問題ありませんが，見る人に誤解を与えないよう十分に注意しましょう。

第 7 章
発表の実践

7.1
文献紹介……発表実践①

7.1.1 　輪講と意見表明

　大学では，学生が自分で調査，分析した内容や，他人の書いた論文，書籍の内容を発表する授業形式も多くあります。一般には，少人数で学修するゼミナール（ゼミ）と呼ばれる演習科目でよく行われます。同じ書籍を参加者全員で読み進め，内容を分担して順番に報告し，全員で議論する授業形式を**文献紹介**，あるいは**文献輪読，文献講読，輪講**といいます。同じ書籍ではなく，別々の論文や書籍を順番に紹介することもあります。各自の研究内容や進捗を報告する勉強会やセミナーなども，輪講と呼ぶことがあります。

　輪読や講読といった文献紹介の目的は，もちろん専門知識や学問的素養の修得です。ほかにも，特に初年次向けゼミナールでは，文献を読むことで論証の方法や文章の書き方を学ぶ，要旨を作成する方法を学ぶ，説明や発表の練習を行う，といった目的も含んでいます。

　文献紹介の方法は，ゼミや研究室によって千差万別です。例えば，（1）その日の発表当番は，担当した書籍の箇所について発表する，（2）発表内容について，全員で議論，質疑する，（3）教員が総括する，という流れで行います。質疑の方法も，発表者が発表を終えてからまとめて行う，発表者の報告中に随時行う，コーディネータ役の学生がはじめに質疑し，その後全員で行う，など様々です。いずれにしても，文献紹介は全員参加が前

提になります。発表当番ではないときには，発表者に対して積極的に質問し，意見を述べることが求められます。

7.1.2　レジメの作成

　文献紹介をする前に，まずは**レジメ（レジュメ）**を作成します。レジメとは発表する内容を「**要約**」した資料のことで，通常，あらかじめ全参加者へ配付しておきます。レジメの作成方法にも様々な「ローカル・ルール」がありますので，講義やゼミを担当する教員の指示に従いましょう。レジメには，文献・資料のあらすじをまとめて報告する「文献報告レジメ」と，複数の資料・文献を参考にしてあるテーマについての問題点や自分の考察をまとめる「調査・研究報告レジメ」があります[72]。初年次ゼミでは文献報告レジメが多く，批評や考察を求められることは少ないですが，学部の専門科目や大学院の授業では，文献の重要な点をまとめるとともに，それに対する自分の見解や主張を批判的，論理的に記述したレポートのようなレジメを作成することもあります。

　文献紹介で作るレジメは，文献の章，節，項を均等に短くしたものではありません。また，「レジメの作成者」が読んで面白いと感じたこと，重要と思うことをまとめたものでもありません。文献の書かれた背景，問題意識，目的，仮説，分析方法，根拠・分析結果，考察，課題・展望などから，「文献を書いた著者」が重要と考えていること，主張したいことをまとめます。レジメを作成する前に，まずは文献を丁寧に読み解くことが必要です。

　文献報告を目的としたレジメの作成例について紹介します。図39は，著者が初年次学生向けゼミで行っている文献紹介練習のレジメ作成例です。文章表現や論証の流れが重要な分野の文献紹介では長い文章で説明することもありますが，初年次向けゼミでは全員が同じ文献を持っている前提なので，レジメには重要な点を簡潔に書きます。時折，紹介する文献と同じくらい長いレジメや，キーワードだけのスカスカなレジメを目にしますが，

---

72) 西南法学基礎教育研究会（2012）法学部ゼミガイドブック─ディベートで鍛える論理的思考力─. 法律文化社, pp.6-15.

このようなレジメは読んでもなかなか理解できません。箇条書き，改行，矢印記号などを活用し，読み手の可読性を考えたレジメを作成します。具体的なレジメの体裁として，次のような点に注意します。①〜⑦は図39の①〜⑦と対応しています。

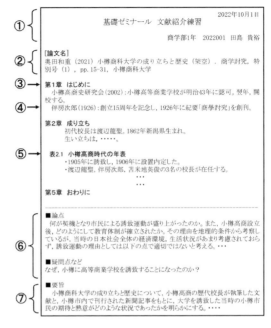

図39　レジメの作成例

① 講義名，報告日，発表者を書く

　参加者の中には，複数の講義や勉強会で文献紹介を行っていることもありますので，どの講義や勉強会なのかを冒頭に記載します。また，報告日，発表者名，発表者の所属を書きます。

② 紹介する文献の情報を書く

　文献情報（著者名，発行年，論文名，雑誌名，巻，号，ページなど）を書きます。文献情報の書き方は教員の指示に従います。

③ 章，節，項は，元の文献のとおりに書く

　元の文献を読むときに役立ちますので，章，節，項のタイトルは略さずに記載します。書籍のようなページ数の多い文献を紹介するときには，章などに加えてページ数を記載することもあります。

④引用文献は，著者名と発表年，概要を書く

　引用文献の内容は，著者名と発表年を書き，「どのような内容が引用されているか」を1〜2行で簡潔に書きます。引用文献一覧（参考文献リスト）は元の文献で確認できますので，レジメには付けなくても良いでしょう。

⑤図表は，元の文献の番号と説明を書く

　図表番号とそのタイトル，内容に関する重要な点を書きます。レジメには，文献中の図表の転載は必要ありません。実証・実験系論文の図表には難しい分析手法や専門用語が使われていることが多いですが，文献の論点に関わるものなので，分かりやすく丁寧に記載します。

⑥疑問点，感想，論点などを書く

　文献に対する自分の意見・感想や，文献の内容，用語の意味，図表の見方，分析手法など，理解できなかった点や疑問点を書きます。ただし，疑問点などは，自分で調べたうえで，どうしても分からなかったことを挙げましょう。可能であれば，自分の批評，論点を書くと良いです。もちろん，担当教員から文献に対する批評，考察が求められた場合には，必ず書きます。

⑦全体の要旨を作成する

　文献紹介では，章，節，項のアウトラインや，図表をそのまま要約するので，元の文献が長いときにはレジメも長くなります。そこで，文献の概要を200字から400字程度，あるいは一つのパラグラフにまとめることもあります。文献を短くまとめたものを**要旨（アブストラクト）**といいます。要旨には，著者が論文を通して主張していること（問い，仮説，結論）と，主張に対してどのように論証したか（根拠，証拠）を記述します。要旨が記載されている論文も多いですが，まずは自分で要旨を作成してみましょう。著者の要旨と自分で作成した要旨とを比較することで，論文の大事な部分を読み取れているかを確認することができ，要旨作成の訓練にもつな

がります。

⑦では，文献の内容を総括するために，最後に各自で作成した要旨を説明する形式としていますが，文献紹介の冒頭で要旨を説明してから詳細な説明に進むこともあります。

7.1.3　文献紹介の方法

文献紹介をするときは，レジメをただ「読む」のではなく，レジメを元に「説明」します。レジメは要約なので，それ以外の情報は口頭で補足します。文献紹介では，自分の知らない専門知識や用語が多く含まれる文献を取り上げることも多いですが，内容が難しくてもできるだけ説明する努力をしましょう。発表時は，次のような点に留意して臨みます。

(1) 文献に関連する周辺情報を調べる

紹介する文献について，文献が書かれた時代背景，著者の略歴・研究分野などの周辺情報を調べておき，必要に応じて報告します。例えば，ICT教育に関する文献紹介では，文献が発表された年のインターネットやPCの普及状況，学校への導入状況，文教政策の状況について調べておきます。そして，著者はどのような立場で研究に携わっているか，どのような研究分野を対象としているか，紹介する文献以外にどのような研究発表をしているかといった関連情報を確認しておきます。文献の関連情報は，議論を行う際に有益な情報となります。

(2) 図表は，見方と内容を丁寧に説明する

文献中の図表は，レジメには転載せず，元の文献に掲載されているものを使って説明します。詳細な説明が必要な図表については，説明用の資料を別に作成することもあります。図表は文献を理解するうえで役立ちますので，内容を丁寧に解説します。グラフは，軸や単位，凡例など，その見方についても説明します。

(3) 分析手法，結果，考察は，詳細に解説する

実証分析や実験に関する文献では，どのような方法で分析・実験を行い，どのような結果が得られたか，という点が重要です。分析手法，実験結果，考察や解釈について詳細に解説し，質問時に答えられるよう，もれなく調べておきます。専門用語も，正確に解説できるよう確認しておきます。

（4）内容は，著者の主張を正確に報告する

　文献の内容は，著者の主張している点を正確に報告します。仮に，自分の主張と異なっている内容や，誤っていると感じる内容でも，著者の主張はそのまま紹介します。

（5）自分の見解をまとめる／メモしておく

　文献紹介用のレジメを作成している途中で，文献に対する意見や疑問が生じることがあります。レジメに批評や論点を書くことが求められていない場合でも，疑問点や自分の意見をまとめておけば，議論するときに有益です。余裕があれば，文献中で引用されている参考文献も，要旨を確認すると良いでしょう。参考文献にざっと目を通すことで，紹介する文献の理解も深まります。

7.2
プレゼンテーション……発表実践②

7.2.1　スライド作成の注意点

　プレゼンテーション（プレゼン）は，発表，提示，披露などの意味がありますが，近年では多くの場合，PowerPointなどを活用して発表する意味で使われます。企業で行うプレゼンは，自社商品のPR，販売計画・戦略の発表など，顧客や株主を説得することが目的です。このようなプレゼンでは，観客と目線を合わせてほほ笑み，声の抑揚を利かせ，ときには身振り・手振りのボディーランゲージなど，視覚・聴覚に訴える魅力的な話し方が求められます。大学でも文献紹介のほか，課題や卒業研究の発表など，プレゼンの機会は少なくありませんが，主な目的は情報を分かりやす

く正確に伝えることです。もちろん，聴衆を引き込む面白いスピーチができれば理想ですが，簡単には身につきません。まずは，伝えたい情報をスライドなどで視覚化し，分かりやすく正確に伝えることを目指します。

「分かりやすい」スライドとは，見てから理解するまでに要する時間が短いということです[73]。それには1枚のスライドに入れる情報をできるだけ少なくしたり，直感的に見やすくしたりする工夫が必要です。例えば次のようなことに注意します。

（1）配色，レイアウトに気を付ける

デザインに凝る必要はありませんが，上下左右の余白を適宜空ける，複数の文頭や図の位置を揃える，文字の行間を適宜空けるなど，見やすいスライドを心がけます。そして，主張したいところを一番目立つように，色付けや矢印，枠線を使って効果的に提示します。PowerPoint には，「SmartArt グラフィック」という情報を視覚的に表現するテンプレートがありますので，こういったものを活用すると良いでしょう。

（2）フォントを使い分ける

使用するフォントによって，次のように見た目の印象は大きく異なります。

①これは，MS 明朝です。

②これは，HG 教科書体です。

③**これは，MS ゴシックです。**

④これは，HG 丸ゴシック M-PRO 体です。

①の明朝体や②の教科書体は，文字の縦線が太く，横線が細い書体です。すっきりとして洗練された印象となります。③と④のゴシック体は，文字の縦線と横線が同じ幅の書体です。ゴシック体は線の太さが一定なので，明朝体や教科書体よりもくっきりと見えます。瞬時に判別が必要な道路標

---

73) 宮野公樹（2009）学生・研究者のための使える！PowerPoint スライドデザイン：
　　伝わるプレゼン　1つの原理と3つの技術．化学同人．

識ではゴシック体が使われています。本の背表紙も，書店で目立つように
ゴシック体になっていることが多いです。

　スライドに使うフォントの決まりは特にありませんが，本文は見やすい
ゴシック体を使い，特に強調したい部分は丸ゴシック体を使ったり，太字
にしたりするとよいでしょう。様々なスライドを実際にみて，フォントの
種類から受ける印象を確認してみましょう。スライドのフォントサイズは，
書体にもよりますが，経験上，28 ポイント以上が見やすいと思います。1
枚のスライドに情報を詰め込み過ぎないためにも，小さいフォントサイズ
は避けましょう。

（3）文章を少なくする

　文章の多いスライドは，じっくり読む必要があるので理解するまでに時
間がかかります。図 40 の 3 枚のスライドは，どれも同じ内容を説明して
います。文章による説明よりも箇条書きの方が文字は少なく，図による説
明ではさらに文字が少なくなっています。図を提示することで理解しやす
くなり，聞き手の興味も引くことができます。

　ただし，分かりやすい図の作成には時間と労力を要します。重要度が高
く，分かりやすく伝えることが必要なスライドに絞って図を作成すると良
いでしょう。

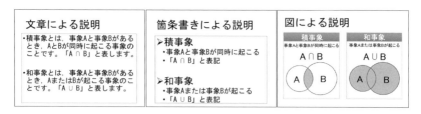

図 40　文章による説明（左），箇条書きによる説明（中央），図による説明（右）

（4）表よりもグラフで伝える

　第 6 章でヒストグラムや箱ひげ図の例を紹介したように，表よりもグラ
フの方が分かりやすくなります。しかし，クロス集計表のように複数の項

目が含まれている表では，一つのグラフにできないこともあります。このようなときは，最も伝えたい箇所を抜粋してグラフを作成し，それ以外の表の内容については，別資料として表を提示，配付するなど工夫します。

7.2.2　スライドの順番

　大学で行うプレゼンでは，多くの場合，報告の元となる資料があります。プレゼン用のスライドは，元の資料の文章構成に沿って作成します。プレゼンの理解度を上げるためには，最初に発表目的や概要を示す，どのような順番で内容が報告されるのかを示す，話の内容が変わるところで報告の進捗度合いを示す，という方法が効果的です[74]。一般的なスライドの構成は次のようになります。

（1）表紙

　「タイトル」，「報告者（所属，学生番号，氏名）」，「報告日時」，「報告する場の名称（卒業研究報告会，○○ゼミナールなど）」を記載した表紙スライドを作成します。プレゼンの開始直後は，まず，所属と氏名，タイトルを述べます。

（2）目次

　今回の内容について，何をどのような順番で報告するか，目次を作成します。目次があることで，聞き手は内容を理解しやすくなります。目次は，冒頭だけではなく，話の区切りごとに提示して，これから話すことが目次のどの部分に該当するかを示すと，より親切です。どこまでで話が終わり，このあとどのような展開になるのか，といった道案内が可能になり，プレゼンへの理解が高まります。

（3）発表目的，概要

　発表内容の背景や目的，概要について，1〜2枚に簡潔にまとめたスラ

74）テクニカルコミュニケーター協会 監修，岸学 編（2008）文書表現技術ガイドブック．共立出版，pp107-108.

イドを使って報告します。例えば、課題の発表であれば「観光客の購買行動を把握することを目的に、商店街の協力を得て店頭でアンケート調査を実施しました。アンケートの分析結果について報告します。」など、今回発表する概要について述べます。

（4）本編の報告

本編のスライドは、報告の元になる資料と同じ項目名、項目順で作成します。1枚のスライドに、複数の項目を詰め込みすぎないよう注意します。1枚のスライドあたり、1〜2分間で説明できる内容量にしましょう。また、デザインやアニメーションに凝りすぎないようにしましょう。分かりやすくするための工夫は必要ですが、デザインに膨大な時間を費やすよりも、内容を正確に伝えているかを精査することの方が大切です。

（5）報告のまとめと補足事項

今回のプレゼンで報告した内容について、スライド1〜2枚で簡潔にまとめます。さらに、報告後の質疑に備えて、本編で説明しきれない事項や関連する事項について、補足するスライドをあらかじめ作成しておきます。

7.2.3　発表前の準備

スライドの作成を終えたら、発表に備えて次のような準備をします。

（1）報告メモを準備する

プレゼンに慣れないうちは、正確に説明できるよう、報告メモを用意します。質疑に備えたメモとスライドも用意します。時間制限があるので、優先度の低い内容はやむを得ず省略することがあります。説明を割愛する箇所は、報告後の質疑に備え補足説明用のスライドとして準備しておきます。

（2）報告時間を確認する

報告が制限時間内で終わるかを必ず確認します。まずは、メモを見なが

らでも良いので，実際に声に出して練習します。声に出して発表すると，スライドを進める時間やメモを見る時間が想定よりも長くなることもあります。報告時間を確認するときには必ず本番と同じ形式で練習しましょう。なお，大学の教員も学会発表等で時間を超過することは珍しくありませんが，制限時間を守るのは最低限のルールなので気をつけましょう。

(3) 読むのではなく話す練習をする

　常に聞き手を意識し，顔や体を向けて話します。スライドやメモだけを見て，棒読みするのはやめましょう。スライドを読むのであれば，発表者がその場に居る必要はなく，資料配付でよいはずです。聞き手は，プレゼンを聞くことで内容をより分かりやすく，理解したいと思っています。話すスピードと声の大きさに注意し，読むのではなく「話す」ことを心がけましょう。

(4) 機器のチェックをする

　自分の PC を持ち込んでプレゼンするときは，可能であれば事前にプロジェクタに接続し，スライドが正しく投影できるかを確認しましょう。不測の事態に備えて，USB メモリやクラウドストレージなどにも，発表で使うファイルをコピーしておきます。発表当日に「PC が壊れた」「ファイルが壊れた」といってスライドを投影できない事態は，大学生に割とよくある事件です。

(5) 質疑に備える

　質疑や発表後に役立ちますので，質疑の内容をメモする準備をしておきます。質疑の際は，内容を聞き取りながら簡単なメモを取ります。質問や意見された箇所は，報告者の説明不足や理解不足が原因であることがほとんどです。次のような点を心がけて回答します[75]。

　・結論を最初に言う。回答の根拠や要点は，一つ一つ分けて述べる。

---

75) スティーブン E. ルーカス 著，狩野みき 監訳（2016）アメリカの大学生が学んでいる「伝え方」の教科書．SB クリエイティブ．

・質問は興味のあることの証しだと考えて，（敵意のある質問でも）前向きな態度で対応する。
・質問を理解しづらいときには，自分で質問を言いなおして確認する。
・質問を聞くときは質問者を見て，答えるときは全体を見る。
・答えが分からないときには，はぐらかしたり，はったりをかけたりせず，正直に言う。

コラム❖メールの送り方

　レポートの提出や欠席連絡など，メールを使う機会もあると思います。大学教員は，毎日，多数のメールを受け取るので，変なメールがくると迷惑メールだと思ってしまいます。また，大学教員も人間なので，「意味の分からない」メールには返信する気持ちが失せてしまいます。メールの“作法”はいろいろあるようですが，レポートを書く時と同様に，相手が読みやすい内容を心がけ，最低限のマナーを守り送信しましょう。

　①件名は，本文の内容がわかる用件を簡潔に書く。所属，名前も併せて書くと良い。
　　例：「基礎ゼミの欠席について（商学科1年：田島）」
　②個人の宛先には敬称をつける。役職も敬称として使うが，「教授様」のように続けては書かない。団体には一般に「御中」をつける。
　　例：「〇〇様」，「〇〇先生」，「〇〇教授」，「商学部教授　〇〇先生」，「〇〇部長」，「教務部長　〇〇様」，「教務係　御中」，など
③冒頭で名乗る。
　　例：「基礎ゼミを履修している商学部1年の田島貴裕（学生番号99999001）です。」
④最初にメールした理由（連絡・報告，質問，依頼など）を簡潔に述べる。
　　例：「卒業論文の進捗について報告します。」，「課題1に関する質問です。」

⑤本文には，件名欄に書いてあることのみを書く。適宜，改行・空行を入れる，箇条書きにするなど，読みやすく書く。添付ファイルがあるときは，その旨を伝える。
⑥メールの本文の最後には，所属，氏名，連絡先などを記載した「署名」を入れる。

また，次のような点にも注意しましょう。

- 相手がすぐにメールを読むとは限らない。課題等の質問は締め切りに余裕をもって行う。
- 課題等を質問したメールに返事が来たら，返信する（質問しっぱなしは無作法）。
- 宛先のメールアドレス，相手の名前をよく確認する。Cc，Bccにも注意する。
- 返信するよう求められたら速やかに連絡する。回答できなくても受領確認メールは送信する。

　ほかにも，件名，敬称，あいさつ表現，敬語表現，署名，添付ファイルなどに関する留意点はありますので，ビジネスマナーの書籍を参考にしてください（就活にも役立ちます）。

参考
尾形圭子 監修（2011）イラっとされないビジネスマナー社会常識の正解. サンクチュアリ出版.

参考文献

第 I 部

文化庁文化審議会（2022）公用文作成の考え方（建議）. https://www.bunka.go.jp/seisaku/bunkashingikai/kokugo/hokoku/93650001_01.html

文化庁著作権課（2023）著作権テキスト - 令和 5 年度版 -. https://www.bunka.go.jp/seisaku/chosakuken/seidokaisetsu/index.html

ダン・レメニイほか 著, 小樽商科大学ビジネス創造センター 翻訳（2002）社会科学系大学院生のための研究の進め方. 同文舘出版.

平凡社 編（1998）世界大百科事典. 第 2 版, 日立デジタル平凡社.

ヒラリー・グラスマン - ディール 著, 甲斐基文, 小島正樹 訳（2011）理系研究者のためのアカデミックライティング. 東京図書.

池田まさみ, 森津太子, 高比良美詠子, 宮本康司 監修（2023）Newton 別冊　バイアスの心理学. ニュートンプレス.

自由国民社 編（2023）現代用語の基礎知識 2023. 自由国民社.

科学技術振興機構（2009）参考文献の役割と書き方. 独立行政法人科学技術振興機構.

木下是雄（1981）理科系の作文技術. 中公新書.

木下是雄（1994）レポートの組み立て方. 筑摩書房.

北原保雄 編著（2010）明鏡国語辞典. 第 2 版, 大修館書店.

国立教育政策研究所（2019）OECD 生徒の学習到達度調査（PISA）〜 2018 年調査国際結果の要約〜.

国立国会図書館（n.d.）国立国会図書館における DOI 付与. https://www.ndl.go.jp/jp/dlib/cooperation/doi.html

厚生労働省（2021）令和 3 年版労働経済の分析.

厚生労働省（2015）平成 26 年度コース別雇用管理制度の実施・指導状況（確報版）を公表します. https://www.mhlw.go.jp/stf/houdou/0000101661.html

倉田剛（2022）論証の教室　入門編. 新曜社.

文部科学省（2006）読解力向上に関する指導資料 - PISA 調査（読解力）の結果分析と改善の方向. 東洋館出版社.

文部科学省（2014）研究活動における不正行為への対応等に関するガイドライン　平成 26 年 8 月 26 日文部科学大臣決定. https://www.mext.go.jp/b_menu/houdou/26/08/1351568.htm

内閣府（2001）家族とライフスタイルに関する研究会報告書. https://www.gender.go.jp/kaigi/danjo_kaigi/siryo/pdf/ka04-10.pdf

日本語文法学会 編（2014）日本語文法事典. 大修館書店.

日本図書館情報学会用語辞典編集委員会 編（2020）図書館情報学用語辞典. 第 5 版, 丸善出版.

日本図書館協会（2020）偽ニュースを見極めるためには（COVID-19 版）. https://www.ifla.org/files/assets/hq/topics/info-society/how_to_spot_fake_news_covid-19_jp.pdf

西田幾多郎（2012）善の研究. 改版，岩波書店.

野矢茂樹（2006）新版論理トレーニング. 産業図書.

小樽商科大学ビジネススクール 編（2012）MBA のためのビジネスプランニング. 改訂版，同文館出版.

Oxford University Press（n.d.）Word of the Year 2016. https://languages.oup.com/word-of-the-year/2016/

坂本博（1986）学問論講義ノート. 新葉社.

社会調査協会 編（2014）社会調査事典. 丸善出版.

新村出 編著（2008）広辞苑. 第 6 版，岩波書店.

小学館国語辞典編集部 編（2006）日本国語大辞典. 小学館

総務省（2019）令和元年版情報通信白書.

スティーヴン・トゥールミン 著, 戸田山和久，福澤一吉 訳（2011）議論の技法　トゥールミンモデルの原点. 東京図書出版.

T.W. クルーシアス，C.E. チャンネル 著，杉野俊子，中西千春，河野哲也 訳（2004）大学で学ぶ議論の技法. 慶應義塾大学出版会.

上田泰（1996）集団意思決定研究. 文眞堂.

山口一男（2017）働き方の男女不平等　理論と実証分析. 日本経済新聞社.

山口真一（2015）実証分析による炎上の実態と炎上加担者属性の検証. 情報通信学会誌，Vol.33，No.2，pp.53-65.

山口真一（2021）わが国における誹謗中傷・フェイクニュースの実態と社会的対処. プラットフォームサービスに関する研究会.

〈図表・例文に使用したデータの出所〉
独立行政法人労働政策研究・研修機構（2023）図 6　男女間賃金格差. https://www.jil.go.jp/kokunai/statistics/timeseries/html/g0406.html

文部科学省（2023）令和 5 年度学校基本調査（速報）.

田島貴裕，奥田和重（2009）優劣分岐を適用した小規模同期型 e-learning システムの経済性分析. コンピュータ＆エデュケーション，vol.27，pp.62-64.

第Ⅱ部

ダレル・ハフ著，高木秀玄 訳（1968）統計でウソをつく法. 講談社.

原純輔，浅川達人（2009）社会調査. 放送大学教育振興会.

北川由紀彦，山口恵子（2019）社会調査の基礎. 放送大学教育振興会.

栗原伸一，丸山敦史（2017）統計学図鑑. オーム社.

宮野公樹（2009）学生・研究者のための使える！PowerPoint スライドデザイン：伝わるプレゼン　1 つの原理と 3 つの技術. 化学同人.

尾形圭子 監修（2011）イラっとされないビジネスマナー社会常識の正解．サンクチュアリ出版．

西南法学基礎教育研究会（2012）法学部ゼミガイドブック―ディベートで鍛える論理的思考力―．法律文化社．

スティーブン E. ルーカス 著，狩野みき 監訳（2016）アメリカの大学生が学んでいる「伝え方」の教科書．SB クリエイティブ．

谷岡一郎（2000）「社会調査」のウソ―リサーチ・リテラシーのすすめ．文春新書．

テクニカルコミュニケーター協会 監修，岸学 編（2008）文書表現技術ガイドブック．共立出版．

山口県統計分析課（2021）知っちょる？　統計やまぐち「120 疑似相関って知っていますか？」．https://www.pref.yamaguchi.lg.jp/soshiki/22/15683.html

〈図表・例文に使用したデータの出所〉

北海道オープンデータポータル（n.d.）新型コロナウイルス感染症に関するデータ【北海道】．https://www.harp.lg.jp/opendata/dataset/1369.html

警察庁（n.d.）道路の交通に関する統計．https://www.npa.go.jp/publications/statistics/koutsuu/toukeihyo.html

気象庁（n.d.）過去の気象データ検索．https://www.data.jma.go.jp/stats/etrn/index.php

厚生労働省（n.d.）賃金構造基本統計調査．https://www.mhlw.go.jp/toukei/list/chinginkouzou.html

厚生労働省（n.d.）国民生活基礎調査．https://www.mhlw.go.jp/toukei/list/20-21.html

日本政府観光局（n.d.）訪日外客数．https://www.jnto.go.jp/statistics/data/visitors-statistics/

総務省統計局（n.d.）家計調査．https://www.stat.go.jp/data/kakei/

索　引

[著者一覧]

奥田和重（おくだ・かずしげ）
　　　　博士（工学，京都大学）
　　　　大阪府立大学大学院工学研究科修士課程修了
　　　　現在：国立大学法人北海道国立大学機構　小樽商科大学名誉教授
　　　　専門：生産システム工学，経営工学

田島貴裕（たじま・たかひろ）
　　　　博士（商学，小樽商科大学）
　　　　小樽商科大学大学院商学研究科博士後期課程修了
　　　　現在：国立大学法人北海道国立大学機構　小樽商科大学グローカル戦略推進センター教授
　　　　専門：教育工学（遠隔教育，教育評価，理科教育）

新入生のためのアカデミック・リテラシー
一から分かるレポートの書き方

2024 年 3 月 29 日　第 1 刷発行

著　者　奥　田　和　重
　　　　田　島　貴　裕

発 行 所　小 樽 商 科 大 学 出 版 会
〒047-8501　北海道小樽市緑 3-5-21
電話 0134-27-5210　FAX 0134-27-5275

発 売 所　株式会社 日 本 経 済 評 論 社
〒101-0062　東京都千代田区神田駿河台 1-7-7
電話 03-5577-7286　FAX 03-5577-2803
E-mail: info8188@nikkeihyo.co.jp
制作・装幀＊閏月社

◆小樽商科大学出版会の本◆

小樽学

―港町から地域を考える―

醍醐龍馬編著　　本体 3500 円

「満州国」における抵抗と弾圧

―関東憲兵隊と「合作社事件」―

荻野富士夫・兒嶋俊郎・江田憲治・松村高夫著　　本体 6000 円

日本憲兵史〔オンデマンド版〕

―思想憲兵と野戦憲兵―

荻野富士夫著　　　本体 6500 円

民事詐欺の違法性と責任

岩本尚禧著　　本体 7000 円

わかる著作権法講義

才原慶道著　　本体 2200 円

自治体 DX 推進とオープンデータの活用

木村泰知編著　　本体 2700 円

顧客経験を指向するインタラクション

―自律システムの社会実装に向けた人間工学国際標準―

平沢尚毅・福住伸一編著　　本体 2700 円

日本経済評論社